Inhalt

1. Dreyeckland

»Im Elsaß und in Baden
war lange große Not.
Da schlugen wir für unsre Herrn
im Krieg einander tot.
Nun kämpfen wir für uns selber
in Wyhl und Marckolsheim
und halten hier gemeinsam
eine andere Wacht am Rhein.«

So ganz ist der Verdacht nicht von der Hand zu weisen: Manche Deutsche fahren bis heute schon deshalb gerne ins Elsaß, weil sie dort das Gefühl genießen, einerseits (und offiziell) zwar in Frankreich, andererseits aber auch in einem »eigentlich deutschen« Land zu sein. Dabei liebäugeln die allermeisten dieser Zeitgenossen keineswegs mehr mit den martialischen Großmachtträumen des letzten deutschen Kaiserreichs oder gar der Nationalsozialisten, die das Elsaß und das westlich benachbarte Lothringen 1871 beziehungsweise 1940 erst mit Kriegen überzogen und sodann gewaltsam annektiert haben. Nein, die heutige Phantasie vom »deutschen Elsaß« gründet sich statt auf territoriale Ansprüche (die im Zeitalter der europäischen Einigung ohnehin überholt wirken müssen) ganz gemütlich auf die Vorstellung, dort zwischen dem Rhein und dem Vogesen lebe eine Art kleiner deutschstämmiger Minderheit, die auf nichts mehr versessen sei als auf den Besuch ihrer großen Verwandten vom anderen Rheinufer.

Dieser Traum ist spätestens dann aus, wenn so ein deutscher Tourist einen elsässischen Einheimischen jovial in der vermeintlichen Landessprache – also auf deutsch – nach dem Weg fragt. Neunundneunzig zu eins stehen nämlich die Chancen, daß die Antwort lauten wird: »Pardon, Monsieur, pardon, Madame – je ne comprends pas.« Wer sich diesen kleinen Schock ersparen will, tut also besser daran, vorsichtshalber auf Französisch zu fragen. Und das kann er getrost auch tun, wenn er des Französischen nicht besonders mächtig sein sollte; denn er wird zwar nicht in neunundneunzig, aber doch in sechzig bis siebzig von hundert Fällen eine freundliche deutsche Antwort erhalten.

Eine ganz andere grenzübergreifende Utopie schien diesseits und jenseits des Oberrheins vor einem guten Vierteljahrhundert wahr geworden zu sein. Dabei stand den fünfzig- oder sechzigtausend Menschen, die das bewirkt hatten, der Sinn kaum nach Utopien; ihnen ging es ganz handfest um die Realität, um ihre Realität als Bewohner des »Dreyecklands« im französisch-deutsch-schweizerischen Grenzwinkel zwischen Straßburg, Freiburg und Basel. Es waren die damals, in den siebziger Jahren des letzten Jahrhunderts, noch bedenkenlos hochaufliegenden Projekte der Atomindustrie, gegen die sich nicht nur zahlreiche alteingesessene Winzer und Landwirte, sondern auch viele der in der Region lebenden jungen Leute engagierten.

Bereits 1972 war im südelsässischen Fessenheim das erste Kernkraftwerk Frankreichs ans Netz gegangen; die Proteste derjenigen, denen diese Art von Energiegewinnung nicht ganz geheuer war, verhallten anfangs noch weitgehend ungehört. Das änderte sich aber nahezu schlagartig, als im schweizerischen Kaiseraugst bei Basel und im südbadischen Wyhl weitere Atomkraftwerke projektiert wurden. Zum geographischen Zentrum der aufflammenden Protestbewegung wurden zwei hart am Rheinufer, und damit an der Grenze zwischen Baden und dem Elsaß, liegende Orte: der projektierte Bauplatz des Wyhler Atomkraftwerks – eine frisch gerodete Waldlichtung – und das gegenüber, am elsässischen Rheinufer liegende Marckolsheim, wo im Zuge der rapiden Industrialisierung der Region ein großes Bleichemiewerk entstehen sollte.

Nun haben es die ökologischen Folgen derartiger Betriebe ja an sich, daß sie nicht vor staatlichen Grenzen haltmachen. Mehr noch: man mußte gar keine besonders bösartige Phantasie haben, um sich vorzustellen, daß eben diese länderübergreifenden Streueffekte von den Projektemachern der Politik und der Industrie durchaus eingeplant wurden. So würde der Westwind schon dafür sorgen, daß die giftigen Dämpfe, die über dem Bleichemiewerk von Marckolsheim aufstiegen, oder die radioaktiven Wolken, die den Kühltürmen des Fessenheimer Kernkraftwerks entwichen, direkt über den Rhein hinweg trieben. Und wenn umgekehrt das dem Fluß entnommene Kühlwasser für den Wyhler Atomreaktor nach Gebrauch wieder erwärmt in den Fluß zurückgepumpt würde, verlagerte sich wenigstens die Hälfte der damit verursachten Belastungen aufs gegenüberliegende elsässische Ufer.

Und siehe: Eben diese Arglist erwies sich als ungemein völkerverbindend. Wollte die Widerstandsbewegung nämlich erfolgreich sein, durfte sie auf die real existierenden Landesgrenzen keine Rücksicht nehmen. Dies um so weniger, als ihr Protest niemals, weder in seiner Entstehung noch in seinem Verlauf, zentral gesteuert wurde. Es waren weder die politischen Parteien und Verbände der drei beteiligten Länder noch die während der wenige Jahre zurückliegenden APO-Zeit entstandenen linken bis linksradikalen

Gruppen, die hier die erste oder auch nur die zweite Geige spielten. Auch wenn sich Tausende von Studenten, vor allem aus Freiburg, dem Protest anschlossen – die entscheidenden Initiativen gingen von der Bevölkerung der Region aus. Und die Bauern und Winzer fackelten nicht lange: Wo immer ein Teilgenehmigungsverfahren, eine Bürgeranhörung oder gar eine vorbereitende Baumaßnahme für eines der geplanten Großprojekte anstand, hielten sie sich nicht mit Resolutionen auf, sondern bestiegen ihre Traktoren und Transporter, blockierten Zufahrtswege und besetzten Bauplätze. Zog sich so eine Aktion etwas länger hin, folgten ihnen Familienmitglieder und Freunde auf dem Fuß, um Brot, Wein und warme Suppe oder auch Kaffee und Kuchen (Gugelhupf beziehungsweise Kougelhopf) an die Protestierer zu verteilen.

Anfängliche Versuche der Zollbehörden, solche spontanen Zusammenrottungen durch übergenaue Ausweiskontrollen oder gar durch temporäre Einreisesperren zu behindern, erwiesen sich als nicht besonders erfolgreich: Die Land- und Weinwirte donnerten in ihren Fahrzeugen einfach an den Grenzern vorbei; später gingen sie, um unliebsame Zwischenfälle zu vermeiden, dann dazu über, die (hölzerne!) Rhein- und Grenzbrücke bei Marckolsheim immer wieder mal für ein paar Tage rund um die Uhr zu besetzen. Die Zollbehörden und ihre Aufseher in den Ministerien ließen sie zähneknirschend gewähren, vielleicht um Ärgeres zu verhüten.

Doch das allein, das Ignorieren der Staatengrenzen (immerhin mehr als zwanzig Jahre vor dem Schengener Abkommen), war es nicht, was der Situation damals ihren utopischen Anhauch verlieh. Die Leute am Oberrhein interessierten sich seinerzeit nicht nur wenig für Staatengrenzen; sie interessierten sich auch nicht sonderlich für die Staaten selbst, nicht einmal für jene, die sie gerade bewohnten. Von Heimat war damals, ungewöhnlich genug für eine politische Protestbewegung, wohl immer wieder die Rede; doch als Heimat erschienen den Beteiligten plötzlich nicht mehr die politischen Systeme, die ihnen ihre Pässe ausgestellt hatten, sondern einfach die Gegenden, in denen sie lebten und arbeiteten. Und da sie alle in derselben Gegend und unter ähnlichen Umständen lebten und arbeiteten, da sie alle ähnliche Wünsche und Hoffnungen hatten, alle sich von der gleichen Entwicklung, einer gewaltsamen Großindustrialisierung von oben, bedroht fühlten, spürten sie mit einem Mal: Sie hatten auch alle die gleiche Heimat, waren alle Bewohner eines Landes, des »Dreyecklandes« eben, wie sie es damals tauften. Wobei das ›y‹ im Namen nicht etwa auf einen Hang zum gewollt Altväterischen deutet, sondern schlicht eine weitere neuentdeckte Gemeinsamkeit der Menschen am Oberrhein ausdrückt: die Sprache.

Nicht daß sie exakt den gleichen Dialekt sprächen, die Elsässer und die Badener – das wäre schon deshalb schwer möglich, weil echte Dialekte ja sogar von Ort zu Ort, von Nachbardorf zu Nachbardorf, variieren. Dennoch: Die Leute am Oberrhein fühlen sich einander näher, wenn sie aufhören, Hochdeutsch oder Französisch zu sprechen, und statt dessen reden, wie ihnen der alemannische Schnabel gewachsen ist. Nahe genug sind sich die Mundarten allemal, und damals, als es not tat, haben sich sogar gemeinsame Redewendungen in allen beteiligten Dialekten etabliert. Deren wichtigste hieß: »Nai hämer gsait!« Auf Hochdeutsch: »Wir haben nein gesagt.«

Übrigens, so ganz erfolglos ist dieses Nein nicht geblieben. Das geplante Industriezentrum für Bleichemie in Marckolsheim schrumpfte bis zur Unkenntlichkeit (und fast bis zur Ungefährlichkeit) zusammen; und am gegenüberliegenden deutschen Rheinufer wurde Wyhl, nach wochenlanger Besetzung durch Elsässer und Deutsche, zum einzigen deutschen Kernkraftwerksprojekt, das am hartnäckigen Widerstand der Bevölkerung scheiterte. Auch wenn heute bereits wieder viel Gras gewachsen ist, über den aufgegebenen Bauplatz am Wyhler Rheinufer wie über die wilden Tage der Protestbewegung von damals – das Bewußtsein von einer sozusagen im überpolitischen Sinn eigenständigen Region »Dreyeckland« ist geblieben. Und damit auch eine Möglichkeit für das Elsaß, seine geographische Lage wie seine wechselvolle Geschichte nicht länger als Last, sondern als Chance zu begreifen.

Eines nicht allzu fernen Tages könnte die Frage, wie

deutsch oder wie französisch das Elsaß ist, endgültig ihren Sinn verloren haben. Und auch wenn wir dort die Spuren der beiden Nachbarn weiterhin auf Schritt und Tritt antreffen werden, gilt schon die Feststellung: Das Elsaß ist vor allem elsässisch.

Warum man vielleicht auch sagen müßte: noch elsässisch – das steht auf einem ganz anderen Blatt. Respektive, neben anderem, auf den Blättern dieses Buches.

2. »Ich habe es nicht gewollt.«

Das Elsaß ist allerdings elsässisch – aber an manchen Stellen, und nicht an den reizlosesten, sieht es doch bemerkenswert deutsch aus. Nachgerade megadeutsch wirkt die Hohkönigsburg. Doch nicht nur für deutsche, auch und gerade für französische Elsaßreisende (die Franzosen stellen mittlerweile, noch vor den Deutschen, die größte Touristengruppe des Elsaß dar) zählt das gewaltige Gebäude – es steht auf einem Hügel, der nordwestlich des pittoresken Winzerdorfs St. Hippolyte direkt aus der Rheinebene aufragt – zu den am häufigsten besuchten Sehenswürdigkeiten der Region. Und das, obwohl die gesamte Burganlage, genau besehen, nur eine grandiose Fälschung darstellt.

Weniger bösartig ausgedrückt: In ihrer heutigen Gestalt ist die Hohkönigsburg (französisch *Haut-*

Kœnigsbourg, deutsch manchmal auch Hochkönigsburg, so verwirrend geht es bei elsässischen Namen eben mitunter zu) der steingewordene Wahntraum eines vaterländischen deutschen Architekten und seines ziemlich größenwahnsinnigen Kaisers – sozusagen das Neuschwanstein Kaiser Wilhelms II. Eben daher rührt vermutlich die Faszination, die von dieser Festung ausgeht, und eben deswegen verrät uns die Geschichte ihrer Entstehung eine ganze Menge über die wechselvolle Beziehung zwischen Elsässern, Deutschen und Franzosen.

An der Stelle, an der sich heute die Hohkönigsburg erhebt, stand bereits gegen Ende des 12. Jahrhunderts, zu Zeiten des deutschen Kaisers Friedrich Barbarossa, eine steinerne Festung. Erbauen ließ sie vermutlich Barbarossas Vorgänger als Herzog von Schwaben, Friedrich II. – ein Hinweis darauf, daß das Elsaß auch damals schon ein zwischen deutschen und französischen Territorialherrschern umkämpftes Gebiet darstellte.

Allerdings ging es zu diesen Zeiten noch nicht um nationale Belange, einfach deswegen, weil sich die französische Nation damals gerade erst rudimentär herausbildete, während die deutsche damit noch nicht einmal angefangen hatte. Eroberungspolitik, gleich ob mit kriegerischen oder zivilen Mitteln (wie Heirat und Erbschleicherei) diente in erster Linie den privaten Interessen derer, die sie ins Werk setzten. So verlegten sich die frühen Herren der Hohkönigsburg vorwiegend auf private Plünderungszüge durch die nähere und weitere Umgebung, ein im Elsaß, wie wir auch bei anderen Gelegenheiten noch sehen werden, bis lang übers Ende des Mittelalters hinaus geübter Brauch.

Ebenso prägend für die Geschichte der Region war allerdings die Bildung starker, vor allem auf den Reichtum von Kaufleuten und Handwerksmeistern gegründeter Städte, die sich die Raubritterei in ihrer Nachbarschaft nicht gern gefallen ließen. So stellten Straßburg, Colmar und Basel (eine Vorwegnahme heutiger Dreyeckland-Politik!) 1462 ein gemeinsames Heer zusammen, das die damals schon so genannte Königsburg drei Jahre lang belagerte und sie schließlich, nach erfolgreicher Einnahme, gründlich zerstörte.

Mit dieser Aktion scheinen die gemeinsamen Interessen der drei Städte am Oberrhein freilich schon wieder erschöpft gewesen zu sein. Jedenfalls dauerte es gerade mal ein halbes Jahrhundert, bis die strategisch hervorragende Lage der Hohkönigsburg dem nächsten Adelsgeschlecht (beziehungsweise, was ja nicht nur im Elsaß aufs gleiche hinauslief, der nächsten Raubrittersippe) in die Augen stach. 1519 hatten die weitläufig in den Diensten des Hauses Habsburg stehenden Herren von Thierstein auf den Fundamenten der geschleiften Festung eine neue Burg fertiggestellt. Die hielt dann bis zum Dreißigjährigen Krieg, in dessen Verlauf der Bau erneut zerstört wurde und komplett niederbrannte.

Anschließend war die Zeit des Raubrittertums endgültig vorüber, nicht nur, weil selbst im reichen Elsaß nach den Verheerungen des Dreißigjährigen Kriegs kaum etwas zu rauben war, sondern vor allem auch, weil in ganz Europa die reale Macht immer mehr vom Feudaladel auf die überging, die das Geld besaßen und es zu vermehren verstanden. So wurde, während die Ruine der Königsburg immer weiter verfiel, auch die nahe Stadt Sélestat (Schlettstadt) immer mächtiger. Es war nur die logische Konsequenz dieser Entwicklung, daß Sélestat schließlich offiziell in den Besitz der Festung gelangte, von deren Herren sie im Mittelalter jahrhundertelang beherrscht worden war.

Freilich wußten die wackeren Stadtväter von Sélestat lange Zeit nicht so recht, was sie mit dem ererbten Trümmerhaufen anfangen sollten. Denkmalschutz schön und gut – aber Denkmalschutz für wen eigentlich? Und vor allem: Wer sollte das bezahlen?

Erst an dieser Stelle beginnt die Geschichte typisch elsässisch zu werden. Nachdem Sélestat 1871 mit dem gesamten Elsaß zwangsweise dem deutschen Reich einverleibt worden war, begannen die nunmehrigen Schlettstädter die Werbetrommel zu rühren: Es gebe da ein bedeutendes Monument deutscher Größe ganz in ihrer Nähe…

Und wirklich, die Propaganda hatte Erfolg: 1899 kam der deutsche Kaiser Wilhelm II. höchstpersönlich in die Gegend, um sich das Burggelände anzusehen – und die schlauen Schlettstädter präsentierten ihm ihre ungeliebten historischen Trümmer großzügig als Gastgeber-Geschenk. Der deutsche Herrscher zeigte sich seinerseits von dem ihm bei dieser Gelegenheit vorgetragenen Plan einer »Restaurierung« prompt begeistert. Nicht einmal er konnte allerdings übersehen, daß das eine ziemlich teure Angelegenheit werden würde.

Halbwegs erhalten waren damals vom ersten staufischen Bau allerdings nur ein paar Mauerstücke und die unteren Quader des Bergfrieds sowie, aus der spätmittelalterlichen Phase, Teile des westlichen und östlichen Bollwerks. Daß es sich angesichts dieses kärglichen Trümmerbestandes (sowie des Fehlens authentischer alter Baupläne) in Wahrheit um einen Neubau handeln würde, war natürlich allen Beteiligten so klar wie ihr Interesse groß war, darüber großzügig hinwegzusehen: Wie ließ sich, aus reichsdeutscher Sicht, der Anspruch aufs Elsaß als traditionelles deutsches Hoheitsgebiet eindrucksvoller dokumentieren als mit dem angeblichen Wiederaufbau einer solchen Festung? Und wenn es, aus elsässischer Sicht, darum ging, deutsche Touristen und ihr Geld ins Land zu locken: Welche Attraktion wäre dazu besser geeignet gewesen als eine derart imposante Ritterburg? In Anbetracht dieser Aussicht schluckten die Stadtherren aus Sélestat auch die bittere Pille, die der beschenkte deutsche Kaiser ihnen hinterlassen hatte: Die Deutschen würden zwar die Burg(wieder)herstellung fachlich und künstlerisch leiten, aber bezahlen sollten das Ganze doch bitte die Elsässer selbst.

Finanziell gesehen hat sich die Investition allerdings schwer gelohnt. Die mehr als zwei Millionen Reichsmark (für damalige Verhältnisse eine gigantische Summe), die in das Projekt Hohkönigsburg gesteckt wurden, trugen reichliche Zinsen – und tragen sie bis heute. Zwar gibt es nur noch wenige Besucher, die den historisierenden Schwindel nicht durchschauen, den der von Wilhelm II. persönlich beauftragte Architekt Bodo Ebhardt da betrieb, mit seiner von der Kreation märchenhaft zinnenbewehrter Mauern, Türme und Türmchen über die Gestaltung Hunderter von Erkern, Giebeln und Dachstützen bis zur verschwenderischen Ausstattung der Innengemächer mit Rittermöbeln, Rittergobelins, Rittergeschirr und sonstigem Ritterzierat prunkenden Pseudorekonstruktion. Doch der Beliebtheit der Hohkönigsburg als Touristenattraktion tut das keinen Abbruch, schon gar nicht in einer Zeit, in der das möglichst bedenkenlose Durcheinanderrühren von Stilen und Stilimitaten unter dem Namen Eklektizismus wieder zur inbrünstig praktizierten künstlerischen und architektonischen Mode geworden war.

Nebenbei: Auf dem Kaminsims im großen Saal der Burg ist ein historischer Ausspruch Kaiser Wilhelms II. eingraviert: »Ich habe es nicht gewollt.« Doch der bezieht sich auf die Grauen des vom deutschen Kaiser in einer Mischung aus Größenwahn und politischem Ungeschick erheblich mitverschuldeten Ersten Weltkriegs – und vor allem, wie man wohl unterstellen muß, auf die Tatsache, daß Deutschland diesen Krieg und damit das Elsaß und Lothringen wieder verloren hat. Aus dem Satz, wie mancher Spötter das tut, hingegen auf nachträgliche ästhetische Skrupel des Monarchen angesichts der vollendeten Burgrestaurierung zu schließen, hieße den Geschmack des Kaisers deutlich zu überschätzen.

Die Hohkönigsburg heute, das ist eine Kopie ohne Original, eine Art Disneyland für Mittelalterfans jeden Alters, mit dem Unterschied, daß die Imitation hier nicht im verkleinerten, sondern im vergrößerten Maßstab dasteht. Zum Disneyland-Eindruck paßt übrigens auch das kurz unterhalb der Burg gelegene Touristenhotel *Relais de Haut-Kœnigsbourg*, das Nichtmasochisten allerdings meiden sollten (sehr viel angenehmer untergebracht und verköstigt wird man beispielsweise in der Auberge *La Meunière* im nur fünf Kilometer weiter gelegenen Dorf Thannenkirch). Und zu Disneyland passen auch die anderen Touristenattraktionen in der näheren Umgebung der Burg: das als »Adlerburg« vermarktete Château von Kintzheim, in dessen Park Flugvorführungen großer Greifvögel gezeigt werden, zwei Kilometer östlich der *Parc Cigoland* (ein Storchenreservat, dem ein Freiluftgehege mit exotischen Tieren angegliedert ist) und schließlich der Affenberg (*Montagne des Singes*) drei Kilometer westlich von Kintzheim, an dem man mit Kindern kaum vorbeikommt. Hier nämlich wird ein alter Gassenhauer wahr: Die Affen rasen durch den

Wald – Hunderte von marokkanischen Berberaffen, die sich ungehindert durch Zäune oder Käfiggitter durchs Gelände bewegen. Die Besucher können die Affen anfassen, die Affen aber auch die Besucher.

Berberaffen ausgerechnet im Elsaß, das klingt natürlich merkwürdig. Ganz normal aber würde es sich anhören, spräche man statt dessen, den wahren Sachverhalt nur ein klein wenig zuspitzend, von französischen Affen in Frankreich. Die ersten dieser Tiere wurden nämlich vor 1956 hier angesiedelt, als ihre ursprüngliche Heimat Marokko als Kolonie noch (und das Elsaß bereits wieder) zu Frankreich gehörte. Der Grund für diese Maßnahme: Die großflächige Ausholzung der Wälder an den Abhängen des Atlasgebirges und deren Umwandlung in Äcker und Viehweiden führten dazu, daß die dort lebenden Affenhorden ernsthaft vom Aussterben bedroht waren. Die Umsiedlung noch verbliebener Berberaffen ins ebenfalls waldreiche und mit ähnlichen klimatischen Bedingungen ausgestattete Elsaß diente also der Arterhaltung. Mittlerweile wurden an die tausend Tiere erfolgreich wieder in Marokko angesiedelt. Die noch in der *Montagne des Singes* lebenden Berberaffen dienen dabei nicht allein der Touristenbelustigung, sondern auch als lebende Studienobjekte für Verhaltensforscher.

Aus Marokko stammen übriges auch die Väter und Großväter der Störche, die durchs *Cigoland* stolzieren – und durch andere elsässische Storchenparks wie dem des Ecomuseums in Ungersheim. Doch, und das ist die bizarre Pointe dieser kleinen französischen Tiergeschichte: Mit den Störchen, von alters her die Vorzeigetiere des Elsaß, verhält sich's absurderweise genau umgekehrt wie mit den Affen. Sie waren Ende der siebziger Jahre des 20. Jahrhunderts im Elsaß so gut wie ausgestorben – aus ganz ähnlichen Gründen übrigens wie die Berberaffen in Marokko: Die systematische Trokkenlegung oder gar das Zubetonieren zahlreicher Flußauen und Feuchtwiesen führte dazu, daß die Störche hier nicht mehr ihre gewohnte Nahrung fanden: Frösche, Lurche, Insekten. Man kann nun einmal, diese Erfahrung blieb auch den Elsässern nicht erspart, nicht beides haben: möglichst viel Industrie im Land, inklusive kommerzfreundlicher Flächennutzungspläne, und zugleich eine heile Natur- und Kulturlandschaft, die den Fremdenverkehr in die Region lockt.

Das Problem wird uns im Verlauf dieses Buches noch öfter begegnen. Patentrezepte dagegen gibt es keine, auch nicht im Elsaß. Es gibt allenfalls mehr oder weniger gelungene Versuche, sich irgendwie durchzumogeln. Die aber werfen natürlich die Frage auf, wieso ein Urlaubs- oder Feiertagstourist hier die Kompromisse zwischen Kommerzdenken und ökologischem Bewußtsein bewundern sollte, die ihm aus dem Alltag daheim ohnehin bestens vertraut sind. Da hilft allenfalls die Bereitschaft weiter, nicht immer so genau hinzugucken (was einem im Urlaub ja eh leichter fällt) und sich hie und da etwas vormachen zu lassen.

Gelegenheit dazu ist, wie gesagt, auf der Hohkönigsburg und um sie herum reichlich geboten. Die aus Marokko reimportierten Störche nisten ja beruhigenderweise nicht nur im *Cigoland*, sondern tatsächlich auch wieder auf so manchen Kirchtürmen und Hausdächern der Region. Zu Beginn unseres Jahrtausends leben im Elsaß zwar nicht mehr, wie vor hundert Jahren, 4000 frei brütende Storchenpaare, aber immerhin wieder an die 200. Ende gut, alles gut?

So kann man das leider nicht sagen. Einerseits ist zum Beispiel die hübsche Stadt Munster sehr stolz auf die Storchenfamilien auf ihrem Rathausdach, die tagtäglich von begeisterten Touristen fotografiert werden. Damit das auch so bleibt, werden die Tiere fleißig gefüttert – von echtem Wildlife also keine Spur. Im Gegenteil, und andererseits: Wer scharf hinguckt, wird auf anderen Dächern unmittelbar in der Nachbarschaft des Rathauses die feinen Spanndrähte bemerken, die eben das – die wilde Ansiedlung von Störchen – verhindern sollen.

Was wie ein reichlich paradoxer Schildbürgerstreich aussieht, hat dabei einen höchst prosaischen Grund. Wie die Menschen haben nämlich auch die Störche inzwischen gelernt, wie man sich ein bequemes Leben in einer nicht mehr ganz so heilen Welt einrichtet: Statt wie in der guten alten Zeit in Sümpfen nach Fröschen zu stochern, suchen sie sich ihre Nahrung nun gern auf Müllkippen zusammen und schleppen sie anschließend auf die Dächer, auf die sie ihre (übrigens oft tonnenschweren) Nester gebaut haben. So können die ehemaligen Babylieferanten unversehens zu Krankheitsüberträgern werden.

Da wirkt es fast schon wieder wie ein Trost, daß sich die ständigen Bewohner des Affenbergs im Vergleich zu vielen Störchen noch vergleichsweise hygienisch ernähren. Am Eingang des Geländes, das wissen die Affen, kriegt jeder Besucher eine Tüte Popcorn in die Hand gedrückt. So ein Disneyland hat eben auch seine Vorteile.

3. Burgen verstecken, Burgen entdecken

Zurück zum Thema Burgen. Und zwar echte Burgen, respektive Burgruinen. Es gibt auch renovierte echte Burgen im Elsaß; die schönste davon ist vielleicht die Hochlandsburg (*Hohlandsbourg*) bei Eguisheim, keine Autostunde von der Hohkönigsburg entfernt, aber in punkto stilsicherer Restaurationsarbeit ein echtes Kontrastprogramm. Dennoch: Richtig authentisch wirken Burgen auf unsere deutschen Seelen vor allem als Ruinen – und wenn die dann auch noch stumm und einsam auf steilen, waldumkränzten Sandsteinfelsen in den Himmel ragen, muß einer schon ein vollkommen verhärtetes Gemüt haben, um nicht zum romantischen Tagträumer zu werden.

Die gute Nachricht: Akkurat solche Burgruinen finden sich im Elsaß zuhauf. Die noch bessere Nachricht: Sie stehen in vielen Fällen tatsächlich ziemlich einsam in der Gegend herum. Und das, obwohl die regionale Fremdenverkehrsindustrie alle Anstrengungen unternimmt, um den Touristen das Burgenangebot so schmackhaft wie möglich zu machen. Allerdings tut sie dabei des Guten zuviel, und nicht nur dabei: Es ist eine – aus Sicht des entdeckungslustigen Individualreisenden vielleicht gar nicht so verhängnisvolle – Eigenschaft elsässischer Tourismuswerbung, ihre möglichen und realen Kunden mit Hinweisen auf die Attraktionen des Landes derart zu überhäufen, daß die über kurz oder lang jeglichen Überblick verlieren – und sich dann wohl oder übel doch auf die eigene Spürnase oder, was beim Reisen zumal im Elsaß eh nicht das Schlechteste ist, einfach auf den Zufall verlassen müssen.

Ein hübsches Beispiel für die eher aberwitzige Bevormundung des Reisenden durch den Fremdenverkehr ist das Netz der elsässischen *routes touristiques*, der Touristenstraßen. Es gibt da, nur mal so aus dem Ärmel geschüttelt, unter anderem eine *route des vins* und eine *petite route du vin*; es gibt, entlang dem Vogesenkamm, die im Ersten Weltkrieg von der französischen Armee gebauten und heute zu Panoramastraßen umfunktionierten *route des crêtes* und *route Joffre*, es gibt südwestlich von Straßburg eine Sauerkrautstraße, die *route de la choucroûte* und (witzigerweise fast deckungsgleich mit der Sauerkrautstraße) die *route du tabac*, es gibt als elsässisches Teilstück der Grünen Straße, die vom lothringischen Domremy-la-Pucelle (dem Geburtsort Jeanne d'Arcs) bis zur Donauquelle bei Donaueschingen führt, die *route verte*, die wiederum teilweise parallel mit der Käsestraße bei Munster, der *route du fromage*, verläuft, es gibt im Sundgau die Straße des frittierten Karpfens (*route de la carpe frite*), es gibt die absurde *route des villages typiques* zwischen Colmar und Ribeauvillé (als ob anderswo im Elsaß keine »typischen Dörfer« zu finden wären), es gibt, als Ergänzung dazu und um die Absurdität zu steigern, südlich von Straßburg die *route des villages fleuris* und nördlich von Straßburg die *route des villages pittoresques*, es gibt, wohl bekomm's, die *route du pays du kirsch*, die *route du Rhin*, die *route d'argent* und mehr als ein Dutzend weiterer solcher Ferienstraßen.

Ja, und natürlich gibt es eine Burgenstraße – was heißt eine? Es gibt mindestens vier Burgenstraßen: die klassische *route des chateaux* ganz im Norden des Elsaß, eine weitere *route des chateaux* bei Saverne, die durchs ganze Unterelsaß verlaufende *route des vieux chateaux* und schließlich, um Eguisheim herum, die kleine *route des cinq chateaux*.

Falls jemand mittlerweile den Überblick verloren haben sollte: Eben das ist am Ende die pfiffige Absicht des elsässischen Touristenstraßensystems. Ein bißchen erinnert einen das Ganze an das Märchen von Ali Baba und den Vierzig Räubern: Da macht ein Bandit ein Kreidezeichen an die Tür seines prospektiven Opfers; doch dessen schlaue Dienerin Fatima malt in der folgenden Nacht ebensolche Zeichen an alle Türen der Stadt – mit der Folge, daß sich die beutegierig heranschleichenden Räubergesellen nun noch weniger zurechtfinden als zuvor.

Mit anderen Worten: Das System der *routes touristiques* ist, wir können's uns nicht anders erklären, ganz offenkundig darauf angelegt, die lästigen Fremdenverkehrsströme an den wahren Attraktionen des Landes gerade dadurch vorbeizulenken, daß man die Touristen so unaufhörlich wie penetrant auf diese hinweist. Zwar geht das Kalkül nicht immer auf: Das Netz der *routes touristiques* ist mittlerweile derart engmaschig über die Region gezogen, daß Reisende sich oft aus reinem Versehen auf Touristenstraßen wiederfinden, nicht selten sogar auf solchen, von deren Existenz sie gar nichts ahnen. In anderen Fällen aber hat die Methode durchaus Erfolg. So auch bei den Burgenstraßen, entlang derer man nicht nur die schönsten, sondern auch die verschlafensten elsässischen Ruinen findet.

Wenn man Glück hat (und sehr viel Glück braucht man nicht einmal dazu), decken sich die beiden Eigenschaften sogar. Prominentestes Beispiel, auch wenn das Wort prominent im Zusammenhang mit verschlafener Einsamkeit einigermaßen paradox klingt, ist Burg Nideck. Daß die im Elsaß liegt, wußte noch vor wenigen Jahrzehnten jedes deutsche Schulkind aufzusagen, im Wortlaut von Adalbert von Chamissos Ballade »Das Riesenspielzeug«. Klar, auch seinerzeit waren es nur die Balladenanfänge, die wir Schulkinder uns wirklich merkten, aber der Anfang genügt ja in diesem Fall:

Burg Niedeck ist im Elsaß der Sage wohlbekannt,
Die Höhe, wo vorzeiten die Burg der Riesen stand;
Sie selbst ist nun verfallen, die Stätte wüst und leer;
Du fragest nach den Riesen, du findest sie nicht mehr.

Stimmt, sie ist verfallen, die Burg Nideck, wie sie heute der Einfachheit halber auch auf Deutsch heißt, ohne »ie«. Sie zu finden, ist dennoch kein Problem; hier die Version für Gehfaule: Man folgt – auf der *route des chateaux*, wo sonst? – von Wangenbourg-Engenthal der N218 zwölf Kilometer nach Südwesten (Richtung Oberhaslach) bis zu einem Wanderparkplatz. Weit und breit keine Burg in Sicht; dennoch stelle man hier getrost sein Auto ab und folge dem Wegweiser zum Château Nideck, das von hier aus immerhin noch 30 Wanderminuten entfernt liegt; auch deswegen bleibt man auch an schönen Sommertagen auf dem sich über schattige Waldhänge mählich senkenden Weg bald ziemlich allein.

Ganz plötzlich steht die Ruine der Burg Nideck dann vor einem, unerwartet imposant und für eine Ruine gar nicht so übel erhalten. Um sich dem Märchenzauber vollends hinzugeben, besteigt man am besten den aus der unten gelegenen Abteilung der Burganlage ragenden mächtigen Turm, zuerst innen und dann im Freien über ein paar ausgesetzte Steinstufen zur allerhöchsten Terrasse empor. Auf deren großen Steinplatten kann man sich dann behaglich ausstrecken, abwechselnd in den blauen Himmel hochblinzeln oder den Blick über die Hänge, die Waldschluchten und Wiesen unterhalb der Burg schweifen lassen. Wohl dem, der da die richtige Begleitung dabei hat.

Noch nicht genug Romantik? Bitte sehr: Ein paar Dutzend Schritte hinter der Burg stürzt ein Wasserfall über 25 Meter hohe Porphyrfelsen herunter; an der Kaskade vorbei führt der Rundweg in einer Dreiviertelstunde wieder zurück zum Wanderparkplatz.

Daß man auf einem derart schönen Spaziergang weit und breit kaum einen anderen Touristen trifft, während ein historisierendes Monster wie die Hohkönigsburg täglich Tausende von Besichtigern anzieht – auch das gehört zu den ebenso unergründlichen wie reizvollen Geheimnissen des Elsaß.

Andere schön gelegene Wanderburgen sind die Phlixbourg, hoch über dem Eingang des Munstertals bei Eguisheim (nahe bei der erwähnten Hochlandsburg und gerade deswegen wenig besucht), die Hohenburg oder die Fronsburg. Die beiden letzteren sind in jeweils einer halben Stunde vom Parkplatz unterhalb der malerischen und gleichfalls spektakulär gelegenen Ruine Fleckenstein zu erreichen. Diesen Parkplatz wiederum erreicht man am besten von Lembach im nördlichen Elsaß aus: vier Kilometer Richtung Bitche bis zu einer Straßengabelung, dann Richtung Schönau. An der Abzweigung zum Fleckenstein liegt übrigens ein hübscher kleiner Badeweiher; die Erfrischung nach der Burgenwanderung ist also gewährleistet.

Burgen, Berge, Wälder, Wasser: Fehlt da nicht noch etwas? Genau: In Lembach betreibt Ferdinand Mischler seine (zu Recht!) von den Weisen der Gourmetkunde umworbene *Auberge du Cheval Blanc*. Seit einigen Jahren zwei Michelin-Sterne, bemerkenswerte Kompositionen aus regionaler und asiatischer (!) Küche, gesalzene Preise, und das nicht erst, seit der weiland Bundeskanzler Helmut Kohl auch hier seiner Liebe für die elsässische Küche frönte. Wer's etwas günstiger, aber kulinarisch fast ebenso anspruchsvoll haben möchte, sollte ein paar Kilometer weiter nach Obersteinbach fahren, zum Restaurant des Hotels *Anthon*; dort kehrte auch der weiland Bundeskanzler Kohl gern ein. Noch ein Stück billiger ißt man im Niedersteinbacher *Cheval Blanc* – Wildschweinragout, Forellen und andere Produkte der regionalen Küche.

Aber die – die regionale Küche nämlich – ist uns natürlich ein eigenes Kapitel wert.

4. Die Sauerkrautfalle

Glaubt man Tomi Ungerer, verstehen es die Elsässer bestens, sich ihre Mittellage zwischen Frankreich und Deutschland zunutze zu machen. Aus den Kulturen und Nationaleigenschaften beider Länder, so behauptet der weltberühmte Zeichner und Cartoonist bei jeder Gelegenheit, suchen sich seine Landsleute jeweils das Beste heraus – so einfach funktioniert das. Ungerers Lieblingsbeispiel dafür ist die elsässische Küche: »Französische Qualität, deutsche Portionen.«

Man nimmt Ungerer solche Statements schon deshalb gerne ab, weil er ja – mit Recht – als kritischer Künstler bekannt ist, einer, der so wenig ein Blatt vor den Mund nimmt, wie er jemals eines vor die Geschlechtsteile der von ihm provozierend karikierten Sexualathleten zeichnen würde. Zugleich ist Tomi

Ungerer elsässischer Lokalpatriot, und zwar ein besonders glühender, der die Vorzüge des Elsaß nicht nur unentwegt in aller Welt verkündet, sondern sich auch im Elsaß selbst vielfach engagierte und engagiert, mit Stiftungen und Aktionen für HIV-Positive, für Blinde, für Krebskranke oder, zuletzt, mit der Gründung des Europäischen Zentrums für jiddische Kultur in Straßburg.

Dennoch: Die logische Gleichung »kritisch + Lokalpatriot = kritischer Lokalpatriot« geht gemeinhin nur in der klischeebereiten Phantasie von Laudatoren auf. In Wahrheit werden auch die intelligentesten Hitzköpfe, und gerade das macht sie uns ja oft so sympathisch, zu sentimentalen Schwärmern, wenn es um ihre Heimat geht. Daß das bei Tomi Ungerer nicht anders ist, läßt sich ausgerechnet in dem Bereich am leichtesten belegen, den nicht nur Lokalpatrioten seines Schlages, sondern merkwürdigerweise auch viele Besucher der Region für mustergültig halten: die elsässische Küche.

Das mit den »deutschen Portionen« mag ja noch angehen; in der Tat ist man als Gast eines elsässischen Normalrestaurants vor Quantitäten, die Loriot als »sehr übersichtlich« klassifizieren würde, im allgemeinen gut geschützt. Aber französische Qualität? Sollte Tomi Ungerer entgangen sein, mit welchem Gericht vor allen anderen nicht nur neunzig von hundert Lokalen, sondern auch die elsässische Fremdenverkehrswerbung ihre Gäste zu ködern pflegen? Hat unser Lokalpatriot nie etwas vom Sauerkraut gehört? Und vor allem: Hat er dieses eingelegte Kohlgemüse jemals in seiner elsässischen Standardzubereitung probiert?

Gewiß heißt das Gericht hier nicht dumpfdeutsch und simpel »Sauerkraut«, sondern *choucroûte garnie*, manchmal sogar *choucroûte royale*. Übrigens ist der Begriff *choucroûte* allein schon doppelt gemoppelt: Sowohl das original französische *choux* wie das dem elsässischen Wort *krüt* nachgebildete *croûte* bedeuten schlicht Kraut. Krautkraut also; und auch schmükkende Eigenschaftswörter auf den Speisekarten vermögen nicht über die prosaische, ja zuweilen furchterregende Realität hinwegzutäuschen. *Choucroûte*, das heißt im elsässischen Normalfall (gleich ob *garnie* oder *royale*): ein Haufen grobgeschnittener, in Salzlake vergorener Weißkohl wird zusammen mit ein paar derben Gewürzen wie Wacholder und Kümmel in einem Gemisch aus Wasser und (meist billigem) Wein eine nicht allzu lange Weile gekocht und anschließend zusammen mit fetten Knackwürsten, geräucherten Schweinerippchen und / oder Schweinebauchscheiben auf einen Teller geschichtet und mit (häufig allzu weich gegarten) Salzkartoffeln serviert.

Wahr ist: Wessen Magen und wessen Geschmacksnerven dieses Attentat überstehen, hat im Elsaß gastronomisch nichts zu befürchten. Nur, wieso ausgerechnet deutsche Freßtouristen sich so etwas antun, bleibt ein unergründliches Geheimnis. Nichts gegen das Sauerkraut an sich; doch wie man es zubereitet, wissen die Wirte und Hausfrauen zumindest im süddeutschen Raum sehr viel besser. Die nämlich haben das Geheimnis von den Österreichern, und die wiederum von den Ungarn, gelernt: Sauerkraut darf nach allem möglichem schmecken, nur nicht (wie so oft im Elsaß) einfach sauer. Und: Man darf das Sauerkraut, um es genießbar zu machen, nicht kochen, man muß es langsam und liebevoll dünsten, ja nahezu schmoren, unter langsamer und behutsamer Zugabe von Flüssigkeit.

Um die Ehre der Deutschen noch deutlicher zu retten: Bei näherem Hinsehen wird man feststellen, daß nicht sie, sondern die französischen Touristen die zahlenmäßig bedeutendste Sauerkrautkonsumentengruppe im Elsaß stellen; in Straßburg und in den Vorzeige-Winzerdörfern entlang der *route du vin* werden täglich Hunderte von Busladungen aus Frankreich mit *choucroûte* abgespeist, ganz offensichtlich auf eigenen Wunsch. Selbst der deutsche Bundeskanzler Gerhard Schröder hat, als er bei Philippe Schadt, dem selbsternannten »König des Sauerkrauts«, in Blaesheim einmal Sauerkraut aß, das nicht aus eigener Initiative getan, sondern auf Einladung des französischen Präsidenten Jacques Chirac. Kann es sein, daß wir Ausländer nicht nur die elsässische, sondern auch die französische Küche stark überschätzen, zumindest in ihren Allerweltsversionen?

Nun aber zum Positiven: Natürlich gibt es im Elsaß

auch eine stattliche Anzahl von Köchen und Küchenchefs, die sich – den Bustouristen und den PR-Strategen der einheimischen Fremdenverkehrsindustrie zum Trotz – standhaft weigern, die Sauerkrautfalle weiterhin aufzustellen. Weil es aber ganz ohne Tradition nicht geht, und sei die Tradition auch noch so fragwürdig, versuchen viele dieser Köche es mit Kompromissen. Deren einfachste Form ist die Veränderung der Beilagen. Statt mit Salzkartoffeln wird das *choucroûte* in einzelnen Restaurants neuerdings mit Nudeln aus Kartoffelteig und Mehl (ähnlich den italienischen *gnocchi* oder den schwäbischen Schupfnudeln) gereicht, und statt mit Würsten und Geselchtem belegen sie das Kraut nun mit Fasanenbrust oder gar mit Flußfischen und -krebsen (*choucroûte aux poissons*). Noch ambitioniertere Köche haben es ganz aufgegeben, die Sauerkraut-Tradition zu zelebrieren; sie zitieren sie allenfalls ironisch, in Form von lauwarmem Sauerkrautsalat, der dann auch nicht mehr in den von Tomi Ungerer gepriesenen »deutschen Quantitäten« verabreicht wird, sondern in so eleganten wie bekömmlichen Mini-Portionen.

Schließlich gibt es im Elsaß auch mit mehreren Michelinsternen und Gault-Millau-Hauben versehene Gourmetrestaurants (wie Ferdinand Mischlers im vorigen Kapitel erwähnte *Auberge du Cheval Blanc* in Lembach, Monique und Emile Jungs *Crocodile* in Straßburg, Jean Kleins *L'Arnsbourg Restaurant* in Baerenthal, an der Grenze zu Lothringen, und andere mehr), die aufs Sauerkraut in der Regel ganz verzichten. Nur eben, diese Lokale haben mit elsässischer Küche so viel zu tun wie beispielsweise das Münchner *Tantris* mit bayerischer – im Grunde gar nichts.

Anders verhält es sich allerdings mit einigen nicht weniger stern- und haubenverzierten Restaurants wie dem Straßburger *Buerehiesel* des Küchenautodidakten (ein nahezu einmaliger Fall in der etablierten Drei-Sterne-Küche!) Antoine Westermann, mit Agnes und Edgar Hussers *Auberge d'Artzenheim* oder, vor allem, mit der legendären, heute von Marc Haeberlin gemeinsam mit seinem Vater Paul und seinem Onkel Jean-Pierre (den Gründern des Lokals) geführten *Auberge de l'Ill* in Illhaeusern. In diesen Häusern gibt tatsächlich die regionale Küche des Elsaß noch den Ton an – in ihrer luxuriösesten Form: ein auf Heu gebratener Flußaal oder ein Zander mit (nicht erschrecken!) Froschschenkelmousse bei den Haeberlins, eine Gänseleberroulade auf Pflaumenmousse in der *Auberge d'Artzenheim*, Flußkrebse mit marinierten Kartoffelwürfeln, ein Hecht-Kräuter-Filet, eine warme Entenstopfleber im *Buerehiesel*.

Diese Großtempel elsässischer Küchenkunst versetzen ihre notorischen Jünger wie viele der von weither angereisten Gourmetpilger regelmäßig in Verzückung, aber sie provozieren auch immer wieder ihre Kritiker. Wobei sich beim Studium der einschlägigen Großführer und Fachzeitschriften ein bezeichnender Unterschied zwischen französischen und deutschen Restauranttestern bemerkbar macht. Die Franzosen reden im Zusammenhang mit der elsässischen Kochkunst gern von *l'inspiration germanique.* Dieser Begriff ist genauso widersprüchlich gemeint wie er klingt: Französische Gourmets, will er sagen, goutieren die rustikalen Elemente dieser Küche, aber sie goutieren sie mit leicht amüsierter Distanz, als handelte es sich um einen exotischen Reiz.

Bei deutschen Freßkritikern dagegen schwingt immer noch kaum merklich das schlechte Gewissen mit; nichts wäre ihnen peinlicher als in den Ruf lokalpatriotischer Geschmacksteutonen zu kommen, die ausgerechnet das »typisch Deutsche« an der Küche der Elsässer zu Lobeshymnen veranlaßt. Zu schwer und zu altmodisch, so lauten ihre regelmäßigen Vorwürfe an die Adresse der elsässischen Küchenchefs, gerieten deren Gerichte oft, und obendrein: Sie kochten einfach nicht kreativ genug.

Wirklich widersprechen kann man dieser Kritik eigentlich in keinem Punkt. Dennoch erscheint sie einem in ihrer Argumentation als einigermaßen sinnlos, ja geradezu als engstirnig – und das paradoxerweise desto deutlicher, je weltläufiger sie sich gibt. Nichts gegen leichte, nichts gegen moderne, nichts gegen eine superkreative Kochkunst. Wer aber, wie manche siebengescheiten Gourmetkritiker vor allem in Deutschland und Frankreich, jedes Restaurant und jede regionale Küche ausschließlich nach diesen Maßstäben beurteilt, leistet in Wahrheit nur einer reichlich doktrinären Globalisierung des Geschmacks Vorschub. Was sich von der Kochkunst des Elsaß, ja im gewissen Sinn vom Elsaß insgesamt sagen läßt, darf man nämlich ohne weiteres auf die überall auf der Welt spürbare Spannung zwischen regionaler »Zurückgebliebenheit« und kosmopolitischem »Fortschritt« übertragen: Ohne das erdenschwere Gegengewicht der Provinz verkäme die auf Urbanität und Internationalismus ausgerichtete Zivilkultur zur richtungslosen Luftnummer und ihre Kreativität zur hektischen Beliebigkeit.

Bevor das hier aber zur philosophisch-politischen Grundsatzerklärung ausartet, werden wir lieber wieder konkret und reden von *baeckeofe* und *flammekueche*. Was letztere sind, braucht nicht ausführlich erklärt zu werden, seit die Hersteller von Tiefkühlpizzen die Flammkuchen als verwandte Produkte adoptiert haben und damit auch deutsche Supermarktketten beliefern: ein kreisförmig dünn ausgewalzter Brotteig, belegt mit einer Mischung aus Zwiebelringen, Speck und Crème fraîche, der im Ofen überbacken wird. Die Elsässer schwören (wie die Italiener bei der Pizza) dabei auf echtes Holzfeuer, der Flammkuchen schmeckt aber auch bei einfacher Zubereitung im Gas- oder Elektroofen.

Wie der *flammekueche* zählt auch der *baeckeofe* zur Gattung der herzhaften Hausmannskost; doch ganz im Unterschied zu jenem wird er mittlerweile fast nur noch in den anspruchsvollen Restaurants angeboten.

Der Grund dafür ist einfach die Zeit, die seine Herstellung in Anspruch nimmt, und die die zeitgenössische, also meist berufstätige elsässische Hausfrau heute so wenig aufbringt wie die stets leicht überforderte Küche eines Allerweltslokals.

Ansonsten gibt es keine Geheimnisse bei der Herstellung des *baeckeofe*: Man zerlegt je ein Pfund Schweineschulter, Lammschulter und Rinderbrust in gleichmäßig große Stücke, mariniert sie 24 Stunden lang in einer mit Wein, Zwiebelscheiben, Knoblauch, einem Kräuterbündel und grobem Pfeffer gefüllten und zugedeckten Schüssel, legt den Boden eines Bratgefäßes mit Kartoffelscheiben aus, gibt darauf das marinierte Fleisch, darauf eine Schicht Zwiebelscheiben, eine weitere Schicht Kartoffeln und eine weitere mit Zwiebeln und läßt das Ganze zugedeckt gut zweieinhalb Stunden im Ofen schmoren. (Daher der mysteriöse Name. In Ermangelung eigener Backöfen ließen die Leute das Gericht früher im Ofen ihres Bäkkers zubereiten.)

Ein schlichtes Eintopfgericht also – ja sicher, und ein so schweres wie altmodisches dazu. Dennoch eine kulinarische Offenbarung, eben weil man hier, wie bei allen gelungenen Eintopfgerichten, sozusagen die Zeit schmecken kann – in Form der sich perfekt durchdringenden Aromen. Daß im übrigen der *baeckeofe* ein wirklich guter Grund zumindest für einen Wochenendtrip ins Elsaß ist, geht schon aus einer simplen Rechnung hervor: Eine Stunde für Einkauf und Vorbereitung, 24 Stunden fürs Marinieren, knapp drei Stunden für die abschließende Garprozedur, das sind schon 28 Stunden. In dieser Zeit hat man, egal ob per Bahn oder per Auto, längst das Elsaß erreicht, den *baeckeofe* bereits intus und zahlreiche andere Attraktionen noch vor sich – auch weitere gastronomische wie den *coq au Riesling*, eine pfiffige Elsässer Variante des südfranzösischen *coq au vin*, einen Rehpfeffer, eine geröstete Blutwurst mit Renetten oder (auch so ein »Bäckergericht«) einfach einen herzhaften Schinken im Brotteig, den sie am besten in einer *winstub* bestellen sollten.

Der Wein verlangt ein Kapitel für sich; zu den »Weinstuben« (in der Mundart heißen sie auch *kaechele*) aber doch schon hier einige Worte: In diesen fürs Elsaß charakteristischen Lokalen, die keineswegs nur Stubengröße haben (manchmal sind sie in richtiggehenden kleinen Hallen untergebracht), wird, wie der Name sagt, vorwiegend Wein getrunken; dazu werden diverse eßbare Kleinigkeiten serviert, die in der Regel allesamt den Vorzug haben, den Besucher auf unaufwendige Weise mit den Basisprodukten der elsässischen Regionalküche vertraut zu machen – und wenn es sich nur um ein Stück vom streng riechenden, aber hinreißend schmeckenden Munsterkäse handelt.

Eine altehrwürdige, wunderschön eingerichtete, allerdings auch häufig überlaufene *winstub* ist das *Hailich Graab*, in der Rue des Orfèvres nicht weit vom Straßburger Münster. Hier geht es trotz der aufgelokkert, gemütlichen Atmosphäre streng protokollgerecht zu, was die Getränkeauswahl betrifft: Es gibt kein Bier. Für den gerade vorgeschlagenen Wochenendtrip wäre ein Besuch im *Hailich Graab* freilich vollkommen ungeeignet, nicht nur weil die Weinstube sonntags (und montags) geschlossen hat, sondern vor allem, weil ein Wochenende wirklich die ungeschickteste Zeit wäre, um Straßburg einen Besuch abzustatten. Warum das so ist, steht im nächsten Kapitel.

5. Straßburg auf europäisch

Wer das Straßburger Münster und die umliegende Altstadt nicht nur kurz besichtigen, sondern tatsächlich erleben will, tut gut daran, sich vorher ausgiebig durch Lektüre seriöser Kunst- und Architekturführer kundig zu machen. Denn natürlich gilt auch hier die Devise: Man sieht nur, was man weiß. Und das gilt, wenn wir schon in allgemeinen Maximen sprechen, paradoxerweise gerade auch für das, was man noch nicht gewußt, ja noch nicht einmal erwartet hat: Man kann ja nur da wirklich überrascht werden, wo man sich mit einer Sache vertraut fühlt...

Andererseits: Die Hauptstadt des Elsaß lediglich als Ziel einer sei es noch so erhebenden Bildungswallfahrt zu betrachten, hieße sie erheblich unterschätzen. Straßburg ist nicht nur eine höchst lebendige, sondern auch eine bemerkenswert originelle Großstadt. Wer sie mit eigenen Augen und Sinnen erfahren will, muß sich ihr schon leibhaftig ausliefern. Und das heißt: Er sollte seinen Straßburgbesuch nicht auf ein Wochenende beschränken. Nicht, daß dann die Bürgersteige hochgeklappt wären. Aber natürlich haben die Geschäfte (mit Ausnahme der Souvenirläden rund ums Münster) sonn- und feiertags geschlossen, und natürlich bricht dann wie in allen Großstädten auch in Straßburg das wirkliche Leben zugunsten der großen Wochenendruhe zusammen. Kann sein, daß man als Tourist dann leichter einen Parkplatz findet. Aber das echte Straßburg findet man kaum.

Wer das unbedingt möchte, kann Straßburg natürlich auch innerhalb von eineinhalb Tagen kennen- und schätzen lernen. Schließlich kann man sogar Paris oder Berlin oder Venedig an einem Wochenende besichtigen; warum also nicht Straßburg?

Doch gerade dieser Vergleich läßt die Sache bereits ziemlich kompliziert aussehen. Nicht die schlechteste Weise, die Hauptstadt des Elsaß zu charakterisieren, könnte nämlich die sein: Straßburg ist eine Mischung aus Paris *und* Berlin *und* Venedig. Oder zumindest: eine Mischung aus französischer Lebenskunst, deutschem Ernst (inklusive, wie wir sehen werden, des preußischen Hangs zu nüchterner Wuchtigkeit) und italienischem Freiluftambiente. Womit die eineinhalb Wochenendbesichtigungstage schon auf drei halbe Tage fürs französische, fürs italienische und fürs preußische Straßburg aufgeteilt wären – und dabei hätten wir das vierte Straßburg, das riesige Areal des Hafens nämlich (der es als zweitgrößter Rheinhafen in mancher Hinsicht sogar mit dem Hamburger Hafen aufnehmen kann), und das fünfte, das europäische Straßburg, noch nicht einmal berücksichtigt.

Allerdings hat, wer sich den Besuch des Europa-Areals jenseits der die Altstadt umfließenden Ill bei seiner Visite schenkt, nicht wirklich etwas versäumt. Das von den betont modern konzipierten, aber nicht unbedingt ansehnlichen Repräsentativbauten des Europäischen Parlaments, des *Palais des Droits de l'Homme* (einem Bau von Richard Rogers, wenn auch nicht gerade sein gelungenster, in dem der Europäische Gerichtshof für die Menschenrechte tagt), und des *Palais de l'Europe* (dem Sitz des Europarats) dominierte Gelände wirkt nämlich trotz der Tausenden von Menschen, die hier ständig beschäftigt sind, so steril und öde wie eine aufgegebene Raumstation weit außerhalb der Stadt, deren höchst lebendiges Zentrum in Wahrheit nur zehn Gehminuten entfernt liegt.

Hinzu kommt, was Europa im allgemeinen und das Europaviertel im besonderen betrifft: Unsereiner kommt sich als europäischer Normaltourist hier schon deshalb ziemlich dumm und klein und überflüssig vor, weil ihm etwa der Unterschied zwischen Europäischem Parlament, Europäischem Rat und Europarat keineswegs geläufig ist. Stellt also Straßburgs Europaviertel am Ende ein Sinnbild für die zunehmende

Abkopplung der Politik von der Realität dar? Wen es während eines Straßburgaufenthalts hierher verschlägt, der kann immerhin ins Grübeln kommen.

Was der Straßburgbesucher aber, Europa hin, Europa her, wirklich wissen sollte: Aufgrund eines typisch europäischen, also eher aberwitzigen Kompromisses, dessen Hintergründe zu entschlüsseln hier entschieden zu weit führen würde, tagt das Europäische Parlament jeweils nur für eine Woche im Monat in Straßburg. Nicht daß das Europaviertel dann wesentlich lebendiger aussehen würde; es ist nur, weil die Parlamentarier stets mit großem Troß anreisen, sehr viel voller. Und voller, ja in der Regel hoffnungslos ausgebucht, sind dann auch die besseren Hotels und Restaurants der Stadt.

6. Straßburg auf italienisch

Mit diesem Hinweis kehren wir Europa den Rücken und wenden uns wieder der Stadt zu, um ein paar Belege für die These vom vielfachen Straßburg zu sammeln. Wir fangen an mit dem einfachsten Aspekt – das ist merkwürdigerweise der italienische. Am leichtesten läßt er sich, ein weiteres Paradox, in jenem nur ein paar hundert Schritte westlich des Straßburger Münsters gelegenem Stadtteil aufspüren, der bis heute *La Petite France* genannt wird: das kleine Frankreich. Die äußerste Begrenzung des Viertels bildet das massive Bauwerk der vom berühmten Festungsarchitekten Vauban errichteten Großen Schleuse (*Grande Ecluse* oder *Barrage Vauban*). Ihr vorgelagert ist eine breite steinerne Terrasse, die nicht nur einen wunderbaren Ausblick aufs Münster und die gesamte Altstadt verschafft, sondern auch einen Überblick über das verwirrende Labyrinth von Kanälen, Brücken, Gassen und Plätzen direkt unterhalb der Terrasse – eben *La Petite France.*

Wären die Ufer der sich hier in vier Arme teilenden und anschließend auf verschlungenen Bahnen wieder zusammenfließenden Ill nicht von malerischen elsässischen Fachwerkhäusern gesäumt, könnte man sich tatsächlich in Venedig glauben. Dort wie hier sieht es so aus, als sei irgendwann im Mittelalter die Zeit stehengeblieben – ein Eindruck, der allerdings in *La Petite France* ganz gewaltig täuscht. Kein Tourist würde hier auftauchen, kein Entspannung suchender Fremder oder Einheimischer vor einem der Dutzenden kleiner Cafés und Restaurants sitzen, die die Ufer säumen, keine der vielen Boutiquen, Antiquitäten- und Juweliergeschäfte hätte sich in der berechtigten Hoffnung auf zahlungskräftige Kundschaft hier angesiedelt, keines der unzähligen Fachwerkhäuser und keine der alten Mühlen, die sich am späten Nachmittag so malerisch in den Wassern spiegeln, wäre derart stilsicher luxussaniert worden und kein einziges Ausflugsboot würde die Drehbrücke bei der Rue des Moulins (Attraktion!) passieren, wenn hier alles so geblieben wäre, wie es am Ende des Mittelalters war.

Damals nämlich stand das ganze Viertel in einem höchst üblen Ruch, und das nicht nur im übertragenen Sinn: Hier lebten und arbeiteten die Gerber, hier zogen sie toten Tieren die Häute vom Leib, hängten sie in der Sonne zum Trocknen auf und warfen die Kadaver anschließend auf die Straße, was auch ohne die zum Gerben verwendeten Laugen schon einen höllischen Gestank erzeugt haben muß. Kein Wunder, daß Straßburgs bessere Bürger dieses Quartier mieden; kein Wunder, daß sich – besonders nachdem die Gerberei im Zuge der frühen Industrialisierung immer mehr von Lederfabriken außerhalb der Innenstädte betrieben wurde – hier zunehmend Angehörige der unteren Zehntausend ansiedelten: Huren, Kleinganoven, berufsmäßige Bettler und entsprungene Gefangene. Und als die von französischen Soldaten aus Neapel eingeschleppte Syphilis im 16. Jahrhundert auch im Elsaß seuchenartig um sich griff, etablierten sich hier die Spitäler und Kurpfuscher-Praxen, die mit Hilfe üppiger Quecksilber-Anwendungen zwar nur selten der »Liebesseuche«, aber dafür desto häufiger ihren Opfern den Garaus machten.

So verfiel *La Petite France* bis ins 19. Jahrhundert immer mehr zur häßlichen Geisterstadt. Das änderte sich erst durch den Tourismus, genauer gesagt, durch die Bildungsreisenden, die plötzlich in hellen Scharen in Straßburg einzufallen begannen. Sie kamen im Gefolge junger deutscher Idealisten wie des Jurastudenten Johann Wolfgang von Goethe (»Als ich das erstemal nach dem Münster ging, hatt' ich den Kopf voll allgemeiner Erkenntnis guten Geschmacks.«), vor allem aber der in England und Frankreich um sich greifenden romantischen Mittelalterbegeisterung, als deren Propagandamedien unter anderen die Romane Walter Scotts und Victor Hugos fungierten.

Damals, und das ist die bis heute aktuelle Moral der Geschichte von *La Petite France*, begriffen die Straßburger zum ersten Mal, daß die Vergangenheit ihrer Stadt ein außerordentlich wichtiges Kapital für deren Zukunft darstellte. Noch vor dem Magistrat begriffen das übrigens die Dirnen und Zuhälter, die nach wie vor in diesem Quartier daheim waren, indem sie ihre Etablissements und deren Umgebung den Bedürfnissen einer plötzlich auch ästhetisch anspruchsvollen Kundenschicht anzupassen begannen. Nach und nach folgten auch die umliegenden Wirtshäuser diesem Beispiel, selbst jene, die keine Stundenzimmer in den oberen Stockwerken bereithielten. Neue Restaurants und die ersten ausschließlich aufs seriöse Beherbungsgewerbe orientierten Hotels eröffneten in *La Petite France* ihren Betrieb – und mit einem Mal war das Quartier auch bei den besseren Leuten der Stadt vollkommen *en vogue*. Nur die Huren hatten gemeinerweise nichts davon; die mußten der neuen Adrettheit von *La Petite France* zuliebe ins Bahnhofsviertel und in die Vorstädte ausweichen…

7. Straßburg auf preußisch

Auf ganz andere, nämlich auf im Wortsinn steinerne Weise stehengeblieben ist die Zeit in Straßburgs *Quartier Allemand* – ein Begriff, den man (nicht nur, weil das unsereinem die nötige Distanz verschafft) nicht mit »deutsches« sondern eher mit »preußisches« oder »wilhelminisches Viertel« übersetzen sollte. In der Tat hat sich der gleiche deutschnationale Geist, der sich in Gestalt der Hohkönigsburg als märchenhaftes Symbolbauwerk materialisierte, hier in der Alltagswelt eines Stadtbilds niedergeschlagen.

Was kurze Zeit davor hier niederschlug, waren die insgesamt 173 000 Bomben und Artilleriegeschosse der deutschen Belagerungsarmee, die bereits Mitte August einen Ring um Straßburg gebildet hatte. Als die Stadt am 27. September des gleichen Jahres auf dem

Münsterturm die weiße Flagge hißte, waren fast 500 Gebäude zu Trümmern geschossen und, ein unersetzlicher kultureller Verlust, die seit vielen Jahrhunderten gesammelten Bestände der Straßburger Bibliothek vom Feuer vernichtet worden. Anschließend machten sich die Eroberer an die Wiederaufbauarbeit, auf ihre Art...

Es gehört zur deutsch-französischen Ironie der wechselvollen Straßburger Geschichte, daß der frühere Kaiserplatz, der das Zentrum des ausgedehnten wilhelminischen Areals der Stadt bildet, heute ausgerechnet Place de la République heißt. Ihn umstehen nicht weniger als fünf wuchtige Zeugnisse deutscher Renommiersucht; deren auffälligstes ist das *Palais du Rhin*, das die Sieger des französisch-deutschen Krieges von 1871 als Palast für ihren Kaiser Wilhelm I. projektierten. Als der 1889 fertiggestellt war, regierte freilich schon dessen Nachfolger Wilhelm II. Ernsthaft residiert hat der Mann hier nie – wieso auch? Gebäude von ähnlich geisttötender Stilmischung aus pseudoflorentischer Renaissance und Neubarock standen schließlich daheim in Berlin schon genügend herum.

Was die Straßburger angeht: An die Überfälle beutegieriger Horden aus dem Land jenseits des Rheins hatten sie sich im Lauf der Geschichte ohnehin gewöhnen müssen. Das begann mit den Germanen- und Alemannenstämmen, die es noch zur Römerzeit auf die im 10 vor Christus an der Ill gegründeten Militär- und Handelszentrum Argentatorum (das bedeutet:

Silber- oder schlicht Geldstadt) vermeintlich zusammengetragenen Schätze abgesehen hatten. 451 erschienen die Hunnen im Elsaß und brandschatzten dort Straßburg und andere Städte; der Schrecken darüber saß bei den Straßburgern wie bei anderen Opfern dieser Terrorkampagne so tief, daß sie fortan alle Eroberer, wenn sie aus dem Osten kamen, unterschiedslos als Hunnen bezeichneten.

Die andere, harmloser klingende, aber nicht unbedingt harmloser gemeinte elsässische Bezeichnung für uns Deutsche lautet *Schwobe*, also Schwaben. Auch das hat seine historischen Gründe: Im frühen Mittelalter waren Straßburg und das Elsaß lange Zeit umstrittenes Gebiet zwischen den sich allmählich in Deutschland und Frankreich bildenden Reichen. Eine wegweisende Entscheidung fiel 842 in einem Vertrag zwischen Karl dem Kahlen, der das Gebiet westlich des Vogesenhauptkamms zugesprochen erhielt, und Ludwig dem Deutschen, an den das gesamte Elsaß fiel.

Dieser Vertrag, die sogenannten »Straßburger Eide«, wirkt insofern bis heute fort, weil er erstmals die Trennung zwischen einem französischen und einem schwäbisch-deutschen Sprachraum festschrieb; er ist deshalb konsequenterweise auch in beiden Sprachen, auf Altfranzösisch wie auf Althochdeutsch, abgefaßt.

925 verleibte sich dann das deutsche Herzogtum Schwaben die Stadt Straßburg und das umliegende Gebiet ein; es waren, wie wir im Burgenkapitel gesehen haben, vor allem schwäbische Herren (oder den

Schwaben tributpflichtige freie Raubritter), die die meisten der Burgen hier errichteten, nicht um die Region zu beschützen, sondern um sie auszubeuten; und als Bestandteil Schwabens schließlich geriet Straßburg unter Kaiser Rudolf von Habsburg Ende des 13. Jahrhunderts für lange Zeit ins (sich nun auch so nennende) Heilige Römische Reich Deutscher Nation. Allerdings nicht wirklich unter deutsche Herrschaft: In den beständigen Auseinandersetzungen zwischen weltlicher und geistlicher Herrschaft setzten sich die Straßburger schon damals sehr entschieden gegen die Machtansprüche der Kirche zur Wehr.

Straßburg folgte darin dem Beispiel vieler mittelalterlicher Städte, weniger aus ideologischen als aus handfesten materiellen Gründen: Der örtliche Bischof und mit ihm die Steuer- und Zinseintreiber der gut organisierten Kirche waren nah, der Kaiser und die eher schütter organisierte Zentralgewalt des Reichs waren weit. Andererseits konnte es dem Kaiser nur recht sein, wenn durch solche lokalen Aufmüpfigkeiten Macht und Einkunft der Kirche geschmälert wurden. So kam es, nachdem das Straßburger Bürger- und Kaufmannsheer 1262 in der Schlacht bei Hausbergen das des Straßburger Bischofs geschlagen hatte, zu den (in späteren Jahrhunderten wiederholt erneuerten) »Schwörbriefen«, die Straßburg seinen Status als Freie Reichsstadt – und das hieß in der Praxis: als nahezu unabhängiger Stadtstaat – sicherten.

Als bis heute prägend für das weitere politische

Schicksal Straßburgs erwies sich dann die Reformation. Die Stadt (und mit ihr ein großer Teil des Elsaß) wurde rasch zur Hochburg des Protestantismus – und eben diese Wendung brachte sie paradoxerweise dem kulturellen und politischen Einzugsbereich des katholischen Frankreich näher als alle Feldzüge dies vermocht hätten: Weil das stark befestigte Straßburg als sicherer Ort galt, flüchteten 1575 mehr als 15 000 in Paris und anderen französischen Städten verfolgte Hugenotten in den Schutzbereich ihrer Mauern. Zum einen begannen diese Flüchtlinge – in der Regel durchaus keine armen Schlucker, sondern selbstbewußte Adelige und Handelsherren – bald, der Stadt ihren eigenen, den französischen Lebensstil aufzuprägen. Und zum anderen erweckten gerade die starken militärischen Befestigungen Straßburgs das Interesse besonders weit vorausschauender französischer Politiker: »Man muß bis Straßburg vordringen«, erkannte Kardinal Richelieu, »um sich einen Zugang nach Deutschland zu verschaffen.«

Zu den ersten Versuchen, diese Absicht zu realisieren, bot der Dreißigjährige Krieg Gelegenheit. Für ein paar Jahrzehnte mogelte sich das angeschlagene Straßburg danach noch zwischen den Machtblöcken hindurch; doch 1681 war es dann – vorläufig endgültig – soweit: Im Namen des französischen Sonnenkönigs Ludwig XIV. annektierten dessen Generäle die Stadt und ersetzten deren ständedemokratische Selbstverwaltung durch eine Militärregierung. Die allerdings scheint nicht besonders viel Spaß an ihrer Aufgabe gehabt zu haben: »Die führenden Straßburger Kreise«, so notierte damals ein königlicher Intendant namens La Grange kopfschüttelnd, »halten zu viel von der Republik – eine Bevölkerung, deren natürlicher Charakterzug offenbar die Lebensfreude ist.«

Womit das nächste historisch entscheidende Stichwort gefallen war: die Republik. An der Freiheitsliebe der so offensiv lebensfrohen Straßburger konnten weder Zuckerbrot noch Peitsche etwas ändern, weder die vergleichsweise liberale Wirtschaftsverwaltung der französischen Krone, die dem Unternehmungsgeist der elsässischen Geschäftsleute viel eigenen Spielraum ließ, noch machtvolle Demonstrationen französischen Herrschaftswillens wie der Ausbau der Straßburger Festungswerke durch den uns überall im Elsaß begegnenden Militärarchitekten Sébastien le Prestre de Vauban. Und kaum war in Paris die Revolution ausgebrochen, wurde auf der Illbrücke vor Straßburg ein Schild angebracht, auf dem in riesigen Lettern zu lesen war: »Hier beginnt das Land der Freiheit.«

Zugegeben, solche Schilder mögen damals auch andere französische Städte aufgestellt haben. Aber nur Straßburg kann sich rühmen, Geburtsort des neben der Internationale berühmtesten Revolutionsliedes der Geschichte zu sein: der bis heute die offizielle französische Hymne gebliebenen Marseillaise.

Daraus ergibt sich die Frage, wieso die Marseillaise dann nicht Strasbourgeoise heißt. Am Abend des

24. April 1792 hatte der Straßburger Bürgermeister Frédéric de Dietrich während eines Empfangs für durchreisende Revolutionstruppen der französischen Rheinarmee das Fehlen eines zündenden Kampfliedes beklagt. Noch in der Nacht darauf setzte sich der Offizier Rouget de Lisle hin und schrieb Text und Musik für seinen »Chant de la guerre pour l'Armée du Rhin«.

Das Lied machte in der Armee rasch die Runde; und wenige Monate später zog ein Freiwilligenbataillon aus Marseille, das sich am Sturm auf die Tuilerien zu beteiligen entschlossen war, mit eben jenem Schlachtgesang auf den Lippen in Paris ein: »Allons, enfants de la Patrie, le jour de gloire est arrivé!« Den Parisern gefiel diese »Weise aus Marseille« so gut, daß sie sie erst zur offiziellen Revolutionshymne und dann, 1795, auch zur Landeshymne erklärten.

Aber natürlich hatte die glorreiche Revolution auch in Straßburg ihre andere Seite. Nichts erinnert beim Gang durch das *Quartier Allemand* mehr an die *Aubette*, die alte Hauptwache der französischen Garnison, auf dem Gelände der heutigen Place Kléber. Hier nahmen die Soldaten des Sonnenkönigs und seiner Nachfolger in der Morgendämmerung (französisch: *l'aube*) ihre Befehle entgegen – und hier wurde dann, sozusagen ein Akt blutig ausgleichender Gerechtigkeit, während der Revolution die Straßburger Guillotine aufgestellt, um die sich zu den Hinrichtungen Tausende von Sympathisanten des terroristischen Revolutionsregimes wie von schlichten Voyeuren zu versammeln pflegten.

Es sollten nicht die letzten Massenaufläufe bleiben, die dieser heute so zivil wirkende Platz erlebte. Hier wurden die Proklamationen Napoleons öffentlich zu Gehör gebracht (nach dessen aus Straßburg stammendem General Jean-Baptiste Kléber der Platz damals benannt wurde), hier ließen sich 1870 die preußischen Eroberer und 1918 die französischen Wiedereroberer feiern, und hier hielten – man muß sagen: vor gewohnt heimischer Kulisse – die Nationalsozialisten ihre monumental inszenierten Kundgebungen ab. Die erste von ihnen fand statt, als Adolf Hitler am 28. Juni 1940 persönlich seinen Einzug in Straßburg zelebrierte – um wieder einmal eine Stadt »daheim im Reich« zu begrüßen. Wobei die Nazis es gar nicht nötig zu haben glaubten, das »deutsche Viertel« als Beweis für Straßburgs Deutschtum ins Feld zu führen. Sie hielten sich stattdessen gleich ans wirkliche Herz und das in aller Welt bekannte Wahrzeichen der Stadt schlechthin als Schauplatz ihrer Machtdemonstration: ans Straßburger Münster.

Die Lektüre der Aufzeichnungen von Hitlers Pressechef Otto Dietrich über jenes Ereignis kann einem heute noch Schauer über den Rücken jagen: »Wieder geht es durch enge, winklige Gassen. Wir wissen es, wir kennen dies Heranfahren von vielen deutschen Domen her … Und dann steht der Führer vor dem Straßburger Münster. Wir sind ganz still. Wir sehen hinauf zu diesem einen gewaltigen Turm, der zum Himmel emporsteigt, wie eine Verkörperung der deutschen Seele selbst. Der Führer betritt das Münster. Kein Dom Europas ist schöner, kein Münster des Reiches deutscher. – Was ist deutsch? Tausend Antworten fand diese alte Frage – und wurde doch nie so klar beantwortet. Hier ist, wir fühlen es alle, die eine, die wahre und umfassende Antwort gegeben: Das hier ist deutsch! So ist Deutschlands Seele!«

Von allem Schwulst entkleidet, funktioniert Otto Dietrichs Argumentation also folgendermaßen: »Das Münster ist deutsch. Wieso ist das Münster deutsch? Weil das Münster deutsch ist.« Reiner Nonsens? Natürlich. Aber in Deutschland hat diese Art von Nonsens durchaus Tradition. Was das ultimative Deutschtum des Straßburger Münsters (»kein Münster des Reichs ist deutscher«) betrifft, so knüpft der Nazi-Propagandist Dietrich, ohne es ausdrücklich zu erwähnen, an keinen geringeren als Johann Wolfgang von Goethe an. Dessen Beweisführung, in seinem berühmten Aufsatz »Von deutscher Baukunst«, ist nicht nur genauso wenig stichhaltig (abgesehen davon, daß er den Bau des Münsters zu Unrecht dem »deutschen Meister« Erwin von Steinbach zuschreibt), sie macht auch noch die chauvinistische, ausdrücklich gegen das Scheußlich-Fremdländische (bei Goethe pauschal: das »Gotische«) gezielte Stoßrichtung solch deutscher Selbstglorifizierung deutlich: »Und nun soll ich nicht ergrimmen, heiliger Erwin,wenn der deutsche Kunstgelehrte, auf Hörensagen neidischer Nachbarn, seinen Vorzug verkennt, dein Werk mit dem unverstandnen

Worte gotisch verkleinert. Da er Gott danken sollte, laut verkündigen zu können, das ist deutsche Baukunst, unsre Baukunst, da der Italiener sich keiner eignen rühmen darf, viel weniger der Franzos.«

Vorläufig genug davon. Soweit käme es noch, daß wir das Münster ausgerechnet im Kapitel über »Straßburg auf preußisch« behandeln würden! Und was alle übrigen Illusionen übers deutsche Straßburg betreffen, so haben die am 23. November 1944, als die zweite französische Panzerdivision des Generals de Gaulle in Straßburg eingezogen war, ohnehin, und hoffentlich ein- für allemal, ihr Ende gefunden.

Schlendert man heute über die im wilhelminischen Gründerzeitstil aufgemöbelte Place Kléber, über die Place de la République oder auch über die zwischen beiden liegende Place Broglie, stellt man sich nicht nur als schuldzerknirschter Deutscher, sondern auch als Liebhaber freundlicher Stadtarchitekturen schon mal die Frage, wieso die Straßburger all diese Zeugnisse teutonischen Triumph- und Einschüchterungswillens nicht kurzerhand abgerissen haben.

Daß das ziemlich teuer gewesen wäre, ist nur die halbe Wahrheit. Die andere Hälfte trauen wir uns hier nur hinzuschreiben, weil sie uns ein sehr alter elsässischer Freund verraten hat, der frühere Straßburger Polizeipräfekt Jean Dubach: »Wieso hätten unsere Großeltern diese Sachen zerstören sollen? Sie haben ihnen doch gefallen.«

Im übrigen, so Dubach in einer Art nachträglichen Galgenhumors: »Was wäre denn geschehen, wenn die wilhelminischen Baumonster nach dem Ersten Weltkrieg abgerissen worden wären? Die Nazis, die 1940 Straßburg und das Elsaß erneut dem Deutschen Reich einverleibten, hätten noch scheußlichere Gebäude hinzustellen versucht.«

Derart zur Gelassenheit angehalten, fällt einem dann womöglich auch noch ein, daß die Großarchitektur, mit der die Baumeister von Kaiser Wilhelms und Bismarcks Kriegsgegner Napoleon III. große Teile des Pariser Stadtbilds prägten, ja nicht minder großsprecherisch auftrumpft als die des Straßburger wilhelminischen Viertels. Nur, ehrlich gesagt: Wem fällt dieser Bombast heute noch wirklich unangenehm auf? Nichts relativiert sich rascher als architektonischer Größenwahn; sobald die Geschichte die Wahnträume ad absurdum geführt hat, die solche Gebäude verkörpern, bleibt nur noch deren schiere Größe zurück, nicht mehr als Symbol, sondern als schlichte Quantität.

Gewiß finden sich anderswo bisweilen schönere Plätze und Boulevards als die in Straßburgs wilhelminischem Viertel. Dennoch empfindet man deren Größe durchaus nicht nur als Nachteil. Wie in Paris oder in Berlin, so tragen auch in Straßburg die großzügigen Dimensionen der im 19. Jahrhundert entstandenen überbreiten Straßen dazu bei, daß sich urbanes Leben hier besonders leicht entfalten kann. So erweist sich die quer zur Verbindung von Place Kléber und Place Broglie verlaufende Rue des Grandes Arcades mit ihren eleganten Läden und Cafés als eine der entspannendsten Flanierstrecken Straßburgs – nicht nur (aber schon auch), weil die Gefahr, von Touristenströmen zerquetscht zu werden, hier wesentlich geringer ist als in der benachbarten Altstadt.

Doch selbst wenn sie mit der deutschen Architektur gut leben können: Gegen deutsche Anbiedereien, wir haben's schon gesagt, sind die Straßburger bis heute allergisch geblieben. Belassen wir's also angesichts des *Quartier Allemand* bei der vorsichtigen Feststellung, daß französische und deutsche Mentalitäten zumindest in der Alltagsrealität durchaus in der Lage sind, nicht nur friedlich, sondern sogar relativ harmonisch zu koexistieren. Angesichts einer oft blutigen Vergangenheit liegt darin vielleicht mehr Trost als ihn der Bildhauer des kolossalen *Monument des Morts* auf der Place de la République zu erträumen gewagt hat. Seine Skulptur stellt eine Art weltlicher Pietà dar: eine Mutter, auf deren Schoß zwei im Ersten Weltkrieg gefallene Söhne liegen, der eine für Frankreich und der andere für Deutschland gestorben.

Das bis dicht an die Kitschgrenze heroisierende, aber dennoch bemerkenswert unchauvinistische, ja antichauvinistische Denkmal wurde 1936 fertiggestellt – seine Anklage mithin kurz darauf noch einmal grausam bestätigt. Daß die mörderischen Zeiten wiederkehren könnten, hat man sich gerade in Straßburg womöglich schon damals partout nicht vorstellen können. Nicht das Pathos der Denkmäler und Versöhnungsreden, sondern erst die Straßburger Normalität hat aus der damals noch gescheiterten Hoffnung heute angstfreie Gelassenheit gemacht.

8. Straßburg auf französisch

Wesentlich weniger pathetisch als auf der Place de la République geht es ein paar Straßen weiter an einem anderen, für Straßburg nicht weniger typischen Ort zu: der Place du Marché Gayot – im Grunde nur ein großer, zwischen den Gassen und Gäßchen nordwestlich des Münsters gelegener, von hübschen schmalen Häusern gesäumter und mit Bäumen bestandener Innenhof. Der kleine Platz ist nahezu flächendeckend mit einer Reihe von (meist bis ein Uhr nachts geöffneten!) Cafés und Bistros bestückt; doch der Großteil der Altstadttouristen zieht draußen auf der Rue des Frères oder der Rue des Ecrivains (beliebte Einkaufsstraßen!) vorbei.

Auf der Place du Marché Gayot spürt man die Nähe zur großen Straßburger Universität jenseits der Ill;

hier treffen sich viele jüngere Menschen (so zwischen 16 und 60), die einem auf Anfrage jederzeit versichern, daß sie angesichts der hier gebotenen Lebensqualität nicht einmal im Traum daran dächten, nach Paris zu ziehen. Mit anderen Worten: Wir befinden uns endlich im französischen Teil Straßburgs.

Wobei da, genaugenommen, von einem Teil nicht die Rede sein kann. Das italienisch anmutende *Petite France* und das *Quartier Allemand* sind echte Straßburger Stadtteile; das französische Straßburg aber, das ist einfach der ganze Rest: die Stadt an sich. Und auch wenn der Besuch jener Viertel oder auch der Anblick des Münsters und der von mit Biberschwanzziegeln gedeckten Fachwerkbauten einen anderen Eindruck erwecken mag: Die Stadt Straßburg ist heute eine durch und durch französische Stadt geworden. Wir behaupten bewußt: eine französische Stadt – und nicht eine elsässische. In dieser Hinsicht geht es Straßburg nämlich nicht anders als anderen europäischen Großstädten wie etwa der bayerischen Landeshauptstadt München oder der walisischen Metropole Cardiff, die meist sehr viel weniger vom Charakter der umliegenden Region geprägt sind als eben von ihrem eigenen Großstadtcharakter.

Daran ändert auch das Bewußtsein einer elsässischen Eigenständigkeit wenig, das nicht nur die politischen Vertreter der Regionen Bas-Rhin und Haut-Rhin (der Begriff Alsace kommt in der offiziellen französischen Politik vorsichtshalber gar nicht erst vor), sondern durchaus auch ein beträchtlicher Teil der Straßburger Kommunalpolitiker immer wieder gegenüber dem Pariser Zentralismus demonstrierten. Mal geht es da um die Aufstellung zweisprachiger (nämlich französisch-elsässischer) Straßenschilder, die sich jedenfalls in der Straßburger Innenstadt durchgesetzt haben, mal um den obligatorischen Deutschunterricht an allen elsässischen Schulen, der von 2006 an tatsächlich wieder praktiziert werden soll.

Allerdings sollten weder radikale Elsaßautonomisten (die ohnehin nur eine verschwindende politische Minderheit in der Region bilden) noch verbohrte Deutschtumsnostalgiker solche Vorgänge überschätzen. Schaut man genauer hin, geht es auch in diesem Punkt im Elsaß nicht anders zu als in anderen vergleichbaren Regionen Europas: Die wirklichen oder nur behaupteten Autonomie-Ideen werden auch deshalb so gern beschworen, weil sich mit ihrer Hilfe der politische Druck der Provinzen auf die jeweilige Zentralregierung so gut verstärken läßt.

Es handelt sich da, um es klar zu sagen, um eine Art sanfter Dauererpressung – und daß eine Erpressung nur funktioniert, solange die in ihr enthaltene Drohung nicht wahr gemacht wird, weiß bekanntlich niemand besser als der Erpresser selbst. Mit anderen Worten: Auch denjenigen unter den elsässischen Politikern, die besonders laute lokalpatriotische Töne lieben, steht der Sinn deswegen noch lange nicht nach politischer oder auch nur nach echter kultureller Selbständigkeit. Sie sagen Autonomie und meinen schlicht Geld: höhere Zuschüsse, mehr Subventionen, eine zugunsten der Regionen veränderte Aufteilung der Steuereinnahmen.

Gewiß gibt es jenseits dieser zweckgerichteten politischen Autonomie-Folklore sehr ernsthafte Bemühungen auch unter jungen Elsässern, sich der eigenen kulturellen Identität bewußt zu bleiben, deren Wurzeln aufzuspüren und deren Traditionen auf eine zeitgemäße Weise fortzuführen. Man trifft in Straßburg (und anderswo in der Region) auf eine überraschend hohe Zahl von Autoren wie André Weckmann und Henri Mertz, die auf Elsässisch schreiben; es gibt zahlreiche Liedermacher wie Francois Brumbt, René Egles, Roland Engel oder die junge, 2002 mit ihrer CD »Morjerot« (Morgenrot) populär gewordene Sängerin Isabelle und Musikgruppen (sogar Hip-Hop-Bands sind darunter), die elsässisch statt französisch oder italienisch singen, es gibt hervorragende elsässische Kabarettisten (zur Zeit allen voran: Huguette Dreikaus), und es gibt elsässische Theater wie das Straßburger *Theatre Alsacien* sowie freie Theatergruppen, die – anders als man das beispielsweise von deutschen Mundarttheatern gewöhnt ist – auf bemerkenswert hohem Niveau agieren.

Am besten kennenlernen läßt sich diese neue elsässische Kultur in der vom Elsässer Kabarettisten Roger Siffer gegründeten *Choucroûterie*: Das ist nur nebenbei ein Sauerkrautrestaurant (mit ironisch-phantasievollen bis abenteuerlichen *Choucroûte*-Variationen), in erster Linie aber eine Musikkneipe mit angegliederter Kabarettbühne im Straßburger Stadtviertel *La Wantzenau*, in der viele der genannten Künstler aufzutreten und sich mit Kollegen auszutauschen und zu amüsieren pflegen. Selbst Tomi Ungerer ist hier nicht nur mit einer kleinen Dauerausstellung seiner Bilder, sondern gelegentlich auch leibhaftig anzutreffen.

Allerdings sollte man bei aller Begeisterung für die Originalität der neuen elsässischen Szene nicht übersehen: Diese Bewegung (sofern man von einer einheitlichen Bewegung sprechen kann) denkt ganz explizit nicht daran, ihr Engagement in eine wie auch immer geartete »Los-von-Frankreich«-Propaganda umzumünzen. Im Gegenteil: »Wir singen und schreiben elsässisch«, erklärt Roger Siffer, »aber zugleich sind und bleiben wir Franzosen – und zwar sehr gern.«

Ein paar Stunden später steht Roger Siffer auf der Bühne der *Choucroûterie* – und da hört sich das alles schon wieder ein bißchen komplizierter an. »Was ist ein Elsässer?« fragt sich der Kabarettist, um dann selbst die Antwort zu geben: »Ein Elsässer ist ein Elsässer, punktum.« – »Ja, aber«, so geht es weiter, »was ist ein guter Elsässer?« Antwort: »Ein guter Elsässer ist ein Franzos!« – »Und ein sehr guter Elsässer?« Schnelles Augenzwinkern, und dann: »Ein sehr guter Elsässer ist schon fast ein halber Schwob!« Übersetzt also: ein halber Deutscher. Wobei die lachenden Zuhörer ohnehin keine Übersetzung brauchen, nicht einmal die Zugereisten, die des Elsässischen (noch) nicht mächtig sind: Siffer trägt seine Programme grundsätzlich abwechselnd in (mundartgefärbtem) Deutsch und in französischer Sprache vor.

Hier in Straßburg versteht man die sanfte Ironie dieser Art von Selbstdarstellung besonders deutlich. Und man spürt auch: Solche Bekenntnisse und Halbbekenntnisse sind nicht pathetisch und nicht einmal patriotisch gemeint; sie sind einfach Zeichen praktizierter Lebenskunst.

Nichts gegen Karlsruhe oder (um in der Nähe des Elsaß zu bleiben) gegen Saarbrücken. Die eine Stadt hat ein paar Zehntausend Einwohner mehr als Straßburg, die andere ein paar Zehntausend weniger. Aber wer das Reiseziel oder, wenn er sich's aussuchen könnte, den Wohnort Straßburg mit Karlsruhe oder Saarbrücken tauschen würde, der müßte, wenn schon nicht seines Verstandes, so doch seiner Sinne beraubt sein. Und das liegt nicht in erster Linie am Münster und all der anderen steingewordenen Kultur, die in Straßburg herumsteht, es liegt auch nicht an *La Petite France* oder anderen pittoresken Stadtvierteln; es liegt in allererster Linie daran, daß Straßburg auf eine besonders entspannte Weise von französischer Lebensart geprägt ist.

Zu dieser Atmosphäre trägt – nur scheinbar paradoxerweise – gerade der elsässische Standort bei. Weil das Elsaß (oder genauer gesagt: die beiden das Elsaß bildenden französischen Departements Bas-Rhin und Haut-Rhin) zwar Provinz, aber aufgrund seiner eigenständigen Kultur eben doch ein wenig anders und ein wenig selbständiger ist als alle anderen französischen Provinzen (mit Ausnahme des ebenfalls in zwei Departements aufgeteilten Korsika), fehlt den Straßburgern einerseits die immer leicht spürbare Arroganz der Pariser und andererseits die Mischung aus Minderwertigkeitskomplex und sanftem Trotz, die die Einwohner anderer französischer Provinzmetropolen nicht selten an den Tag legen.

Allerdings hat die Globalisierung der europäischen Innenstädte (und nicht nur der europäischen) auch vor Straßburg nicht haltgemacht. Schuld daran ist weniger der Tourismus, der hat diesen Prozeß lediglich noch verstärkt, als vielmehr die vor allem über die visuellen Medien gesteuerte und gleichgeschaltete Konsummentalität. Die hat zur Folge, daß sich in Straßburgs Vorzeigeviertel nicht nur die gleichen (und in gleichem Stil dekorierten) Filialläden internationaler Textil- und Parfümerieunternehmen sowie die gleichen Fast-Food-Stationen aneinanderreihen wie in anderen Großstädten auch, sondern daß man hier überdies Gefahr läuft, den nämlichen Gauklergruppen, lebenden Standbildern und peruanischen oder russischen Straßenmusikanten wiederzubegegnen, die einen ein paar Wochen vorher bereits in der heimatlichen Fußgängerzone genervt haben – und ebendort in ein paar Wochen wieder nerven werden.

Umgekehrt heißt das natürlich: So gut wie alles, was es in den edlen Läden und Boutiquen der Straßburger Altstadt zu kaufen gibt, kann man sich – und das meist billiger – genausogut zu Hause in Deutschland besorgen. Das gilt übrigens auch für die hier – zugegeben: in verlockender Fülle präsentierten – »typisch elsässischen« Delikatessen. Was immer die Reiseführer, selbst die aktuellen, beispielsweise über die Unterschiede zwischen *foie gras entier, bloc de foie gras* (beide Male: pure Geflügelleber), *mousse de foie gras, pâté de foie* oder *terrine de fois* (jeweils gestreckte Geflügelleber) erzählen: Verwerten läßt sich dieses Wissen, wenn überhaupt, am vorteilhaftesten beim heimischen Feinkosthändler in Deutschland.

Die einzige tatsächlich elsässische Spezialität, die sich nur im Elsaß (oder dort zumindest sehr viel leichter und kostengünstiger) erwerben läßt, sind einige Weinsorten. Nicht einmal die besonders edlen und berühmten (die nämlich führt auch der deutsche Weinhändler), sondern eher einfache, aber eben typische Weine. Wer freilich diese Gewächse ausgerechnet in den teuren Vinotheken der Straßburger Innenstadt kauft, ist selbst schuld. Mehr darüber im Weinkapitel dieses Buches.

Wer also nicht nur die touristischen Highlights der Stadt, sondern auch das wirkliche, eben das französische Straßburg kennen- und lieben lernen will, der sollte sich vom Münster fortbewegen, am besten über die beiden die Altstadt-Insel umfließenden Arme der

Ill hinaus. Viel Mühe kostet das in keinem Fall; wer zum Beispiel die über die vier Ill-Kanäle führenden *Ponts Couverts* (keine »zugedeckten« Brücken, sondern in Wahrheit eine einzige Brücke) an der Grenze des alten Gerber- und Mühlenviertels überschreitet, erblickt von dort aus schon den gewaltigen Komplex des *Musée d'Art Moderne et Contemporain.* Natürlich, der von dem Architekten Adrien Fainsilber eindrucksvoll ans Ill-Ufer gestellte, 1998 eingeweihte Bau, und erst recht die Gemäldesammlungen, die er beherbergt, sind auch eine Touristenattraktion. Aber eben nur auch; die Straßburger selbst haben ihr neues, in der Bauphase oft kritisch beäugtes Museum sehr rasch angenommen; unter anderem beweist das die Beliebtheit des Museumsrestaurants und des ihm angeschlossenen Cafés, das nicht nur wegen des schönen Blicks auf die Altstadt, den man von da aus hat, sondern auch wegen seiner hervorragend geführten Gastronomie zu einem Lieblingstreffpunkt des jungen einheimischen Publikums geworden ist.

Der wirkliche Alltag der Stadt beginnt allerdings erst hinter Fainsilbers Museumsbau im angrenzenden Bahnhofsviertel. Dorthin gelangt man übrigens auch über die (ebenfalls nur wenige Gehminuten von *La Petite France* und eine Viertelstunde vom Münster entfernt liegende) Place St-Pierre-les-Vieux. Von ihr und der gleichnamigen Kirche, die in Wahrheit gleich zwei Kirchen enthält, eine evangelische und eine katholische, führen zwei Brücken hinüber ins wahre Straßburger Leben. Die linke von beiden mündet in die Rue du Faubourg National, eine ganz normale, also stets belebte städtische Einkaufstraße, die rechte in die Rue du Maire Kuss, die direkt zum Straßburger Hauptbahnhof führt.

Zwischen diesen beiden Straßen kreuzen sich zwei andere, die merkwürdigerweise fast den gleichen Namen tragen: die Rue de la Course und die Petite Rue de la Course. Schon deswegen kann man sich leicht verlaufen im Straßburger Bahnhofsviertel – und eben das sollte man auch tun. Man wird dabei zwischen Dutzenden von Gemischtwarenhändlern und Supermärkten, Metzgerläden und Bäckereien, Cafés, Bistros und kleinen südeuropäischen oder nordafrikanischen Spezialitätenrestaurants die Stadt ein wenig aus der Sicht derer erfahren, die in ihr leben. Wem Straßburg, nicht nur wegen der erwähnten Restaurants, dabei gelegentlich etwas marokkanisch oder algerisch oder vietnamesisch oder türkisch vorkommt, der sollte sich nicht allzusehr wundern: Gerade das zeigt, wie französisch die Stadt geworden ist. Wie in vielen anderen Städten Frankreichs leben hier mittlerweile Zehntausende von Immigranten aus außereuropäischen Staaten, meist aus den ehemaligen französischen Kolonien.

Bevor wir hier etwas verharmlosen: Daß es den Immigranten gelingt, sich zumindest als Händler oder als Restaurantbetreiber inmitten der Stadt niederzulassen und so deren Alltagskultur zu bereichern, ist eher die Ausnahme. Zwar besitzen diese Menschen häufig französische Pässe, aber das will nicht viel heißen: Nur wenige schaffen es, sich wirklich ins bürgerliche Leben der Stadt zu integrieren. Die Mehrzahl der Immigranten lebt in Betonsiedlungen am Rande der Peripherie; die berüchtigtste von ihnen ist das nach 1960 im Schnellverfahren geplante und gebaute Hochhausviertel *Neuhof*.

Deren Bewohner, auch die Jugendlichen, sind überwiegend arbeitslos; ihre Frustrationen machen sich im Hang zum Vandalismus Luft, der zu bestimmten Zeiten immer wieder in kollektive Randale ausartet. So geht es in *Neuhof* und Umgebung vor allem zu Silvester noch sehr viel wüster zu als während der obligatorischen Maikrawalle in Berlin-Kreuzberg: Hunderte von Autos und Müllcontainern werden angezündet, Hunderte von Schaufensterscheiben eingeschlagen und Geschäfte geplündert. Und natürlich ertönt danach auch im weltoffenen Straßburg gelegentlich der Ruf: »Ausländer raus!«

Die Tatsache, daß es sich bei den Randalierern, wie gesagt, meist gar nicht um Ausländer handelt, die man wenigstens theoretisch ausweisen könnte, steigert dabei nur die Hilflosigkeit der sich bedroht fühlenden Bürger – und steigert also um so mehr ihre Wut. Die politischen Folgen sind an den Wahlergebnissen abzulesen: In allen Bezirken Straßburgs (außer Straßburg-Mitte) kamen die rechtsradikalen Nationalisten Jean-Marie Le Pens bei den 2002 abgehaltenen Wahlen zur französischen Nationalversammlung auf mehr als zehn Prozent – und das wurde von den anderen Parteien bereits als Fortschritt gegenüber den vorangegangenen Präsidentschaftswahlen empfunden, in deren erstem Durchgang Le Pen im Elsaß mit 23 Prozent die Bewerber der bürgerlichen Parteien mit erschreckendem Abstand hinter sich gelassen hatte.

Der (auch gemessen am französischen Durchschnitt) außergewöhnliche politische Erfolg von Le Pens Nationaler Front im gesamten Elsaß ist gar nicht leicht zu erklären. Allein an der Abneigung gegen die Immigranten kann es nicht liegen; deren Bevölkerungsanteil ist nämlich außer in den Städten Straßburg und Mulhouse relativ niedrig. Auch die These, die hohen Stimmenanteile der extremen Rechten dokumentierten den Protest einer sozial deklassierten Schicht, paßt kaum zu dieser aufstrebenden Wohlstandsregion; die neue Armut, die sich nicht nur in den Pariser Vorstädten, sondern auch in vielen anderen französischen Départements ausbreitet, läßt sich hier nur in Ausnahmefällen (wie eben im Straßburger Neuhof-Viertel) beobachten; auch die Kriminalitätsrate ist im Elsaß, verglichen mit dem Rest Frankreichs, relativ niedrig.

Vollkommen unerklärlich werden die elsässischen Stimmen für Le Pens Isolationisten und ihren Slogan »Frankreich den Franzosen!«, wenn man die Europa-Begeisterung der Elsässer (und besonders der Straßburger) dagegenhält. Ohne das wiederum weit über dem französischen Landesdurchschnitt liegende Zwei-Drittel-Votum der Elsässer bei der Volksabstimmung über die Maastricht-Verträge wäre die wirtschaftliche Einigung Europas in Frankreich, und damit wohl in ganz Europa, gescheitert.

So bleiben jene Wahlerfolge nicht nur für uns deutsche Nachbarn das »nicht lösbare Rätsel des Elsaß« (so der Titel eines 2003 erschienenen, leicht beunruhigten Aufsatzes in der amtlichen Berliner Zeitschrift »Das Parlament«), sondern auch für viele Elsässer selbst. »Frankreich den Franzosen?« fragt die in Martinique geborene Grafikerin Anne-Marie Schuffels, die in Straßburg lebt und von da aus jeden Tag an ihren Arbeitsplatz, ein Designerbüro im badischen Offenburg, fährt. »Wenn unsere Nachbarn auch so argumentierten, wäre ich schön angeschmiert.«

Wie 30000 andere Elsässer findet Anne-Marie genau das gut: in Straßburg, oder sonstwo im Elsaß, zu wohnen – und in Deutschland (oder der Schweiz) zu arbeiten. Womöglich aber, auch wenn es da nun für uns Deutsche ein wenig ungemütlich wird, kommt man dem »nicht lösbaren Rätsel« zumindest ein Stück weit auf die Spur, wenn man sich die wachsende Zahl derer anguckt, die genauso wie Anne-Marie Schuffels im Elsaß leben und in Deutschland beschäftigt sind – aber nicht als französische, sondern als deutsche Staatsbürger. Gerade in Offenburg, dem Stammsitz des Burda-Medienkonzerns, aber auch in anderen grenznahen deutschen Städten wie Karlsruhe oder Saarbrücken, arbeiten nicht wenige Menschen, die – verständlicherweise – eine Wohnung im lebenslustigen Straßburg oder gar ein Haus in den Vogesen der weniger attraktiven heimischen Umgebung vorziehen. Jedes dritte im Elsaß zum Verkauf stehende Haus findet mittlerweile einen deutschen Käufer.

Das aber hat Folgen fürs Elsaß selbst, materielle wie ideelle. Die »Luxus-Einwanderer« aus Deutschland treiben die Grundstücks- und Mietpreise in die Höhe; und vielen elsässischen Einheimischen, zumal denen, die daran nicht mitverdienen, erscheint dieses vollkommen unmartialische und keineswegs nationalistisch gemeinte Ignorieren der Landesgrenzen kaum weniger suspekt als die früheren Eroberungsgelüste deutscher Kriegsherren. So gesehen ist es womöglich kein Zufall, daß die Stimmenanteile für Le Pens vaterländische Radikale gerade in grenznahen Bezirken (wie den nur wenige Kilometer von Saarbrücken entfernten Orten Saargemünd, Forbach und Freyming-Merlebach) noch einmal beträchtlich über dem elsässischen Gesamtniveau liegen, nämlich bei 30 bis 35 Prozent.

Diese Entwicklung bringt auch jene ins Grübeln, die mit Le Pen nichts am Hut haben – und das ist gottlob immer noch die große Mehrheit. Vor allem in Straßburg kommt es immer wieder zu gewaltigen Protestkundgebungen gegen die Rechtsextremen, an der sich durchaus auch Vertreter der konservativen Parteien und Verbände beteiligen; und als Le Pen einmal ankündigte, einer Messe im Münster beiwohnen zu wollen, erwog der katholische Bischof allen Ernstes, die Kathedrale zu schließen; es wäre das erste Mal seit der Französischen Revolution gewesen. (Cathérine Trautmann, Theologin, Sozialistin, damals Bürgermeisterin von Straßburg und später französische Kulturministerin, hat den Bischof in letzter Minute davon abbringen können, mit der typisch Straßburgischen Begründung, das Münster sei für alle da.) Und bereits 1997 unterzeichneten 15 000 Einwohner der Stadt einen gegen Le Pen und seine Anhänger gerichteten »Appell von Straßburg«.

Bernard Reumaux, der als Herausgeber der Vierteljahres-Revue »Saisons d'Alsace« zu den Unterzeichnern dieses Aufrufs gehörte, konstatiert noch heute: »Die Elsässer fühlen ihre Lebensform durch die Globalisierung gefährdet. Ihr Dialekt verschwindet. Die Ausländer werden als Bedrohung empfunden. Paris ist weit, der deutsche Nachbar mit seinem Übergewicht nahe.«

Liegt da eine leicht unfreundliche Betonung auf dem Wort »Übergewicht«? Unterstellen Leute wie Reumaux den Elsässern mit solchen Statements gar unterschwellig, das Bestehen auf elsässischer Eigenart könne, wenn auch unfreiwillig, dieses deutsche Übergewicht noch vergrößern, und die Distanz zu Paris sowieso? Genau das mutmaßen die »Regionalisten«; sie sehen hinter solchen – in ihren Augen: scheinbar – besorgten Äußerungen »eine tiefe Feindschaft gegen alles, was eine ›germanische‹ Präsenz im Elsaß zum Ausdruck bringen könnte, kulturell, sprachlich, wirtschaftlich oder symbolisch.«

So steht es in einem anderen, ebenfalls in Straßburg 1996 veröffentlichten, und ebenfalls von vielen Politikern, Künstlern und Wissenschaftlern unterzeichnetem Appell zu lesen, dem Manifest »Identität und Freiheit« von 1996. Darin wird, durchaus auch zur Abwehr rechtsradikaler Tendenzen, nicht die engere Anbindung des Elsaß an Paris gefordert, sondern die Erweiterung von dessen Selbständigkeit. Das Elsaß, so argumentieren die Verfasser, sei nun einmal das »Scharnier zwischen Deutschland und Frankreich«. Um genau diesen Zustand zu erhalten, fordern sie unter anderem die Rückkehr der Region zur Zweisprachigkeit.

Im Alltagsleben der Stadt machen sich solch intellektuelle Gefechte zwischen Regionalisten und »Jakobinern« so gut wie nicht bemerkbar. »Auf dem Land mag es anders sein«, berichtet die in Berlin geborene Journalistin Katia Hertin, die einige Jahre an der Straßburger Rue des Vosges gewohnt und in Offenburg gearbeitet hat, »aber hier in Straßburg hab ich niemals irgendeine antideutsche Animosität gespürt, nicht bei meiner Vermieterin und bei meinen französischen Nachbarn, auch nicht beim Einkaufen oder in den Cafés und Bistros.«

A propos Einkaufen und Ausgehen: Die Straßen und kleinen Plätze um die Rue des Vosges herum (vom Stadtzentrum aus gesehen: gleich jenseits der Place de la République) mögen in ihrer friedlichen Bürgerlichkeit etwas weniger lebendig wirken als diejenigen des Bahnhofsviertels. Gerade darum aber bieten sie, wie übrigens auch das angrenzende Universitätsviertel und der Stadtteil *Krutenau* (in dem sich ein beträchtlicher Teil des Straßburger Nachtlebens abspielt), eine womöglich noch bessere Gelegenheit, das Talent zur entspannten Lebensart zu genießen, das diese Stadt und viele ihre Bewohner so auszeichnet.

Wem es dann aber irgendwann allzu entspannt zugeht, dem kann leicht geholfen werden: Er stürze sich wie tagtäglich Zehntausende anderer Straßburger auch (aber nur wenige Touristen) ins riesige Einkaufszentrum *Les Halles* (nahe an der Ill, nördlich gegenüber der Altstadtinsel) mit seinen 150 Boutiquen, Fachgeschäften, Supermärkten, Restaurants und Cafés. Spätestens wenn er dort wieder herauskommt, wird ihn die Sehnsucht ergreifen, sich wenigstens für ein paar Tage aufs Land zu flüchten, am besten in die Einsamkeit abgelegener Vogesenregionen.

9. Münster und Hütte

Wie das Straßburger Münster entstand, was es darin und daran und um es herum zu sehen gibt, steht mehr oder weniger ausführlich in sämtlichen einschlägigen Reiseführern zu lesen. Bestimmt helfen die dort abgedruckten Besichtigungsgebote allen weiter, denen es darauf ankommt, das Münster als Drei-Sterne-Sehenswürdigkeit (die es unbestritten ist) möglichst effizient abzuhaken.

Es gilt aber zu bedenken: Diese Art von Besichtigung ist nicht unbedingt die spannendste. Mag ja sein, daß das Bewundern großer Kunstwerke unsere Gemüter erhebt; doch zugleich – wir kennen das alle von Museumsbesuchen – macht einen Bewunderung nicht nur stumm, sondern auch sonst ziemlich passiv. So seltsam es also klingt: Wer das Straßburger Münster aktiv erleben will, tut gut daran, erst einmal zu vergessen, daß er es mit einer hochbedeutenden Sehenswürdigkeit zu tun hat. In der Tat ist das Münster, wie andere große Kathedralen auch, nicht nur ein im Lauf der Geschichte zum Gesamtkunstwerk gewordenes Gotteshaus; es ist zugleich so etwas wie eine eigene Stadt, ja sogar eine zwar steinerne, aber keineswegs zu unveränderlicher Form erstarrte Landschaft. Man erfährt das allerdings erst dann, wenn man sich bereits für die Annäherung ans Münster Zeit läßt.

Es gibt eine ganze Reihe von berühmten Kirchen (den Mailänder Dom etwa, oder Notre-Dame in Paris), deren weitgehend schmucklose und meist auch falsch beleuchteten Innenräume keineswegs den Erwartungen entsprechen, die ihr imposantes Äußeres geweckt hat. Zu diesen Kirchen gehört das Straßburger Münster ganz und gar nicht. Inneres und Äußeres korrespondieren hier in außergewöhnlich hohem Maß; schon deshalb kann ein Münsterbesuch zum Erlebnis werden. Um dieses Erlebnis aber würde sich jeder bringen, der auf der Suche nach dem Eingang sogleich ins Innere der Kirche strebte und dabei deren gewaltiges Fassadenwerk nur nebenbei zur Kenntnis nähme. Gewiß könnte man die Besichtigung von außen theoretisch auch dem Besuch des Innenraums folgen lassen. Nur wäre das ungefähr so, als würde man sich zuerst den Schlußakt und anschließend die Ouvertüre sowie den ersten und zweiten Akt einer Oper anhören.

Auch wenn dieser Vergleich ein wenig hinkt – ganz so weit hergeholt ist er gar nicht, und er ist auch dem Gegenstand nicht wirklich unangemessen. Kirchen, auch große und prominente, sind in erster Linie für den Gottesdienst gebaut, das ist wahr. Aber zugleich sind sie immer auch als architektonische Inszenierung geplant, was ihrem geistlichen Zweck im übrigen keineswegs widersprechen mußte, jedenfalls nicht im Sinn ihrer Erbauer: Auch die Inszenierung geschah und geschieht ja zur höheren Ehre Gottes. Daran ändert nicht einmal die Tatsache etwas, daß beim Wettbewerb der mittelalterlichen Kirchenbauer immer auch lokale Ruhmsucht im Spiel war: Auch dabei ging es letzten Endes darum, welche Stadt jene Inszenierung eindrucksvoller zu gestalten wußte und so – fast im Wortsinn – dem Himmel näher kam.

Zweifellos gehört Religion dem Bereich der Metaphysik an. Doch wie alle Metaphysik ist sie darauf angewiesen, den Menschen physisch vergegenwärtigt zu werden, mit Hilfe der Sinne. Bemerkenswert in diesem Zusammenhang: Auch und gerade die, die mit der religiösen Bedeutung des Straßburger Münsters ganz und gar nichts am Hut hatten, haben seinen Charakter als metaphysische Inszenierung nicht nur begriffen, sondern auch für ihre eigenen – betont antikirchlichen – Zwecke auszunützen versucht. Von Hitlers theatralischem Auftritt hier war schon die Rede; doch dies war keineswegs das erste Mal, daß nicht nur das Münster selbst, sondern auch seine metaphysische Aura umfunktioniert wurde. 150 Jahre vorher hatten sich die Protagonisten der Französischen Revolution an diesem nahezu übermächtigen Symbol des Gottesglaubens gestoßen; ihre Aggression machte sich in zahlreichen Zerstörungen Luft, denen unter anderem 235 steinerne Skulpturen des Fassadenschmucks zum Opfer fielen.

Doch das war nur die eine, die sozusagen radikal antireligiöse Seite des revolutionären Münstersturms. Ihr gegenüber stand der Versuch, eben das Münster, weil es sich architektonisch so schön dafür eignete, zum Zentrum eines neuen Kults zu machen. Statt also, wie zunächst allen Ernstes erwogen, die gesamte Turmspitze der Kathedrale zu kappen, versah man jene Spitze nun mit einer überdimensionalen, aus Eisen gefertigten Revolutionskonkarde. Und auf den Altar im Inneren der Kirche – genannt nun »Altar der Natur« – stellten die Revolutionäre ein »Sinnbild der Fruchtbarkeit« zur Verehrung auf: die Skulptur einer vielbrüstigen Frau.

Dem neuheidnischen Kult der Revolution gingen an der Stelle, an der das Straßburger Münster heute steht, bereits die vorchristlichen Kulte der Kelten und später der Römer voraus, auf deren Tempelanlagen später die gesamte Baugeschichte des Münsters fußte. Ja, zugegeben: Baugeschichte – das hört sich nach einer elend trockenen Materie an. Und sie bliebe in der Tat trocken, ließe sie sich hier nicht höchst anschaulich und konkret nacherleben – im nahe an der Kirche gelegenen Frauenhausmuseum!

Keine Angst – zu (noch) einem brav bildungsbürgerlichen Museumsbesuch soll hier niemand angehalten werden. Nicht wenige der im Frauenhausmuseum – es befindet sich direkt gegenüber dem Aufgang zur Aussichtsplattform des Münsters – versammelten Exponate sieht man ohnehin im Münster selbst. Genauer gesagt: Eine ganze Reihe der Bildhauerwerke im und am Münster, darunter die berühmten Statuen der triumphierenden Kirche und der durch eine Augenbinde gehandicapten Synagoge (ein ebenso eindrucksvolles wie perfides Stück künstlerischer Propaganda), sind mittlerweile Duplikate; die jeweiligen Originale wurden, um sie vor zerstörerischen Umwelteinflüssen wie vor menschlichem Vandalismus zu schützen, eben ins Frauenhausmuseum geschafft.

Ausstellungsgebäude jedoch ist das Frauenhausmuseum nur nebenbei; seine sehr viel wichtigere Bedeutung liegt darin, daß hier die Münsterbauhütte, das Œuvre Notre-Dame, ihren Sitz hat. Abgesehen davon, daß das Wort »Hütte« angesichts der beiden prächtigen Häuser des Frauenhausmuseums (das linke stammt aus dem 14. Jahrhundert, das rechte aus der Renaissance) historisch deutlich überholt erscheint, stellt eine Bauhütte genau das dar, was der Begriff vermuten läßt: Sie ist der Ort, an dem sich die Bauleute treffen. Anders ausgedrückt: Bauhütten sind die Zentralen, von denen aus sämtliche materiellen Aktivitäten im Zusammenhang mit dem Münsterbau geplant und koordiniert werden.

Wer jetzt denkt, auch die Bauhütte sei eher in musealer Hinsicht von Interesse, weil das Münster doch längst fertig gebaut ist, dem empfehlen wir einen kurzen Blick aus dem Fenster des Frauenhausmuseums. Der wird ihm bestätigen, was er schon zuvor, womöglich bei der Anreise nach Straßburg, bemerkt hat: Ein großer Teil des Münsters sieht wie eine riesige Baustelle aus. Während dieses Buch geschrieben wird, im Frühjahr 2003, ist unter anderem die ganze obere Hälfte des nördlichen (also des hohen) Turms von einem Baugerüst eingehüllt, weil das steinerne Maßwerk der Turmspitze einer dringenden Renovierung bedarf; gleichzeitig beziehungsweise unmittelbar danach wird die Besucherplattform auf dem Südturm mit einem Schutzgitter zur Verhinderung von Selbstmorden (Todessprünge von hier aus kommen nicht selten vor) versehen sowie die Kuppel auf dem klobigen Turm des Querhauses trockengelegt und mit einer Regenschutzvorrichtung ausgestattet.

Wer sich also beim Anblick der Gerüste sagt »Pech gehabt!« und den Vorsatz faßt, ein anderes Mal wiederzukommen, wenn die störenden Reparaturarbeiten beendigt sind, der wird sich bis zum St.-Nimmerleinstag gedulden müssen. Und wieso eigentlich Pech? Sehr viel spannender als ein fertiges Gebäude, ein gigantisches Museumsstück, zu besichtigen, kann es doch sein, seine Entstehung selbst mitzuerleben.

Zunächst klingt das natürlich reichlich hochtrabend: Zwischen noch so umfangreichen Reparaturen am Münster und seiner ursprünglichen Entstehung gibt es wohl doch einen Unterschied, oder? Ja und Nein. Jedenfalls ist dieser Unterschied nicht gar so gewaltig, wie ihn sich unsereiner als Münsterbaulaie zunächst vorstellt. Genau das nämlich kann man von den Menschen hier in der Bauhütte des Straßburger Münsters höchst anschaulich lernen: Das Münster ist (wie im übrigen alle großen gotischen Kirchen) ein *work in progress*, das sozusagen permanent neu entsteht. Das ist tatsächlich so: Viele Teile des Bauwerks mußten und müssen im Lauf ihrer Renovierung und Restaurierung vollkommen neu erbaut werden. Und auch wenn dabei jeder einzelne Stein ins große Gesamtkonzept des Münsters integriert wird, kommen diejenigen, die diese Arbeit leisten, dabei keineswegs ohne künstlerische Phantasie aus.

Die Mitglieder der Straßburger Münsterbauhütte müssen also nicht nur hervorragende Handwerker sein, sie benötigen für ihren Beruf auch ein großes Maß an Kreativität. Daß dieser Kreativität aus der jeweiligen Bausituation Grenzen gesetzt werden, daß aber auch umgekehrt gerade die handwerkliche Aufgabe ohne Kreativität gar nicht gelöst werden kann – eben diese Spannung macht die Arbeit der Bauhütte so faszinierend.

Zu viel Theorie? Dann schauen wir uns doch einmal die Praxis an. Wir müssen uns dazu nicht gleich Sitz- und Brustgurt anlegen, um uns waghalsig am Seil über eine der Münsterfassaden herabzulassen, so wie der ausgebildete Steinmetz Bertrand Freyd das seit vielen Jahren tut. Daß er und viele seiner Kollegen die Sicherungstechnik der Extrembergsteiger beherrschen (wobei sie, wie man das vom Alpinisten erwartet, als Arbeitsuniform gern karierte Flanellhemden tragen), erspart der Bauhütte die Notwendigkeit, wegen jeder kleineren Reparatur riesige Gerüste installieren zu müssen – und damit eine Menge Geld. Ein großer Teil der Renovierungsarbeiten aber wird gar nicht am oder im Münster erledigt, sondern in den Werkstätten der Bauhütte selbst. Auch nicht Schwindelfreie können also dabei zusehen. Zwar sind die Werkstätten nicht öffentlich zugänglich; aber Gruppen wie Einzelpersonen, die sich dafür interessieren, können im Büro der Bauhütte Termine für Werkstattführungen vereinbaren. Die Zeiten, in denen die Methoden und Techniken der Bauhüttenleute zum großen Geheimnis stilisiert wurden (auf diese Weise entstand übrigens der Kult der Freimaurerei), sind vorbei. Auch das Straßburger Œuvre Notre-Dame unterhält mittlerweile eine gut funktionierende Abteilung für Öffentlichkeitsarbeit. Als Besucher profitiert man so von der Demokratisierung der einst hoch elitären Bauhüttenzunft; schließlich hängt die politische und finanzielle Unterstützung dieser Institution davon ab, daß das Publikum ihren Sinn begreift.

Zum Arbeitsalltag von Christian Jung, Matthieu Baud und Fiona Kindig – auch das war früher undenkbar: daß Frauen in der Bauhütte beschäftigt werden –

gehört es unter anderem, beschädigte oder ganz zerstörte Steine des Münsters zu ersetzen. Solange die Oberfläche des neu eingebauten Steins von außen nicht zu sehen ist, stellt das kein großes Problem dar: Stein ist Stein, und basta. Doch leider ist das nur selten der Fall: Die Abgase und die Witterungseinflüsse, die das Münster im Lauf der Zeit Stein für Stein zerstören, wirken gerade auf die Oberfläche besonders stark ein. Und weil, nur wenig überspitzt gesagt, kein Stein in seiner sichtbaren Oberfläche genau dem anderen gleicht, müssen sich die Handwerker jedesmal überlegen, wie der neue Stein auszusehen hat. Ganz einfach, so wie der alte Stein eben? Ja, wenn man nur wüßte, wie der alte ausgesehen hat...

Nicht nur an den Skulpturen und Verzierungen der Münsterfassade, sondern auch an den schlichten Steinen nagt der giftige Zahn der Zeit derart verheerend, daß man deren ursprünglichen Zustand oft kaum oder gar nicht wiedererkennt. Und dann müssen sich Christian Jung, Matthieu Baud, Fiona Kindig und ihre Kollegen etwas einfallen lassen. Zuweilen hilft es da weiter, wenn wenigstens die Steine in der unmittelbaren Umgebung noch halbwegs gut erhalten sind, so daß sich deren Oberflächenmuster kopieren oder, falls sich so ein Muster über eine größere Fläche hinzieht, aus den erhaltenen Teilen rekonstruieren läßt.

Aber auch das ist leichter gesagt als getan. Die Oberflächenmuster der Münstersteine tragen in der Regel die kunstvoll ornamental angelegten Spuren der Bearbeitung durch Steinwerkzeuge, und zwar – das macht die Sache vollends kompliziert – durch Werkzeuge, die heute oft gar nicht mehr in Gebrauch sind und von denen man nicht einmal mehr weiß, wie sie ausgesehen haben könnten.

In dieser Situation wäre dann auch der geschickteste Steinmetz mit seinem Latein am Ende, besäße er nicht obendrein noch detektivische Fähigkeiten. So hat zum Beispiel der am Œuvre Notre-Dame beschäftigte Bildhauermeister Clément Helheter aus merkwürdigen, wie von einem groben Kamm gezogenen Steinbearbeitungsspuren, die überall am Münster anzutreffen sind, auf die Existenz eines seit Jahrhunderten aus den Werkzeugkisten seiner Kollegen verschwundenen Werkzeugs geschlossen: des Zahnbeils.

Solche Werkzeuge zu rekonstruieren, ist wiederum die Aufgabe von ebenfalls in der Bauhütte tätigen Schmieden und Schlossern wie Jean-Paul Gerold. Im Normalfall besteht deren Arbeit aus der Pflege und Reparatur der durch den Münstersandstein stark beanspruchten Maurer- und Steinmetzwerkzeuge, die so altehrwürdige Namen tragen wie Schlägel (ein Schlaghammer), Spitzeisen (eine Art sechs- oder achteckiger Meißel ohne Kopf, aber mit scharfer Spitze) oder Fläche (ein bis zu vier Kilo schwerer, mit beiden Händen geführter Hammer, der – so paradox kann Steinmetzarbeit sein – ausgerechnet zur Feinbearbeitung von Sandsteinoberflächen dient).

Das von Clément Helheter wiederentdeckte Zahnbeil konnte allerdings von den Münsterschmieden gar nicht repariert oder gepflegt werden, das mußte ja erst einmal rekonstruiert werden, bevor die Steinmetze mit seiner Hilfe auf den neuen Steinen exakt die Muster nachbilden konnten, die auch auf der Oberfläche der ursprünglichen Steine zu sehen waren. Übrigens werden dabei die alten Steine nicht immer vollständig neu ersetzt, auch weil das an tragenden Teilen des Münsters zu statischen Problemen führen kann. Oft wird der alte Stein zunächst entkernt, indem man eine mindestens 10 Zentimeter dicke Schicht aushöhlt und neu füllt, und anschließend die alte Oberfläche neu bearbeitet.

Wenn also schon der Austausch einzelner Steine derart komplizierte Arbeitsabläufe erfordert, kann man sich leicht vorstellen, welche Schwierigkeiten die Mitglieder der Münsterbauhütte zu bewältigen haben, wenn ganze Fassadenteile oder Skulpturen restauriert werden müssen.

Statt weiter ins Detail zu gehen, wenden wir uns einem bereits angesprochenen Grundproblem der Tätigkeit des Œuvre Notre-Dame zu: dem Geld. Und wir werden sehen, daß dieses Problem nur deswegen gelöst werden kann, weil nicht nur das Straßburger Münster Bestandteil und sichtbarer Mittelpunkt des ganzen Elsaß ist, sondern, so merkwürdig das klingen mag, auch umgekehrt das Elsaß ein Teil des Münsters und seiner Bauhütte.

Das Jahresbudget des Œuvre Notre-Dame – anders

gesagt: die zur Erhaltung des Münsters nötigen Kosten – betrugen 2003 mehr als vier Millionen Euro, Tendenz (wen wundert's) steigend. Doch nur ein Teil dieser Summe wird, aufgrund der zwischen der Stadt Straßburg, der französischen Regierung, der Kirche und dem Œuvre geregelten Vertragsbeziehungen, mit Hilfe von Subventionen finanziert; den anderen Teil erwirtschaftet die Münsterbauhütte selbst. Und dies nicht etwa über die Eintrittsgelder für den Besuch des Bauhüttenmuseums, die ihrerseits nur einen kleinen Prozentsatz der durch den Museumsbetrieb anfallenden Kosten abdecken. Die Haupteinkommensquelle der Bauhütte ist vielmehr ihr umfangreicher Grundbesitz: Um die Materialversorgung für den permanenten Münsterbau sicherzustellen und sich dabei von schwankenden Marktpreisen unabhängig zu machen, hat das Œuvre über Jahrhunderte hinweg Ländereien (möglichst solche mit Sandsteinbrüchen), Wälder und Gebäude wie zum Beispiel das berühmte Maison Kammerzell direkt in der Nachbarschaft des Münsters erworben.

Mit anderen Worten: Die Straßburger Münsterbauhütte, auf den ersten Blick ein eher kleiner mittelständischer Handwerksbetrieb, ist in Wahrheit ein ziemlich großer Immobilienkonzern, dessen Besitztümer sich auf nicht weniger als 300 elsässische Gemeinden verteilen. Wir haben also den Mund nicht zu voll genommen, als wir behaupteten: Das Elsaß, oder jedenfalls weite Teile des Elsaß sind – juristisch wie faktisch – dem Straßburger Münster und seinem Bauhütten-Konzern eingegliedert.

Ja, mehr noch: Daß und warum diese handfesten Beziehungen letzten Endes sogar noch weit übers Elsaß hinausreichen, erfahren wir beim Besuch der bedeutendsten Immobilie, die das Œuvre Notre-Dame sein eigen nennt: des Elmerforstes. Wenn Sie zufällig ein Fläschchen Bordeaux (jawohl, Bordeaux, mitten in der Lektüre einer Elsaßgebrauchsanweisung!) im Weinregal stehen haben sollten, machen Sie's schon mal auf; im nächsten Kapitel werden Sie es brauchen können.

10. Waldrausch und Orgelklang

Willkommen im Märchenwald: hohe dunkle Tannen, mehr als 500 Jahre alte Rieseneichen, mal lichtes, mal dichtes Unterholz. Dazwischen stößt der Blick immer wieder auf umzäunte Schonungen – oder er öffnet sich auf kleine und größere Waldwiesen. In Touristenhandbüchern kommt der Elmerforst nicht vor; doch den Straßburger Großstädtern bietet er eine vielgenutzte Möglichkeit zur friedlichen Entspannung vom Alltagsstreß, nicht nur, weil er von der Kapitale des Elsaß aus schnell zu erreichen ist, sondern auch, weil ihn ein gut ausgebautes Netz von Forststraßen und Waldwegen durchzieht.

An Werktagen bietet dieser Wald dennoch auch das, was Waldspaziergänge für romantische Gemüter ganz besonders attraktiv macht: die Waldeinsamkeit. Wie still es hier sein kann, merkt man daran, wie viel man plötzlich zu hören bekommt: das Rauschen des Windes, das Rascheln unerkannter Lebewesen (Zwerge?) im Gesträuch, die Warn- und Lockrufe der Vögel, ab und an das Rieseln eines nahen Bachs – und ziemlich oft das Kreischen einer Holzsäge. Spätestens dieses Geräusch holt den Spaziergänger dann wieder in die Realität zurück, macht ihm klar, daß die schöne Waldidylle kein reiner Selbstzweck ist.

Geld regiert nun einmal die Welt, und also regiert es auch den Elmerforst. Ursprünglich hatte sich das Straßburger Œuvre Notre-Dame diese ein paar Dutzend Kilometer westlich der Stadt gelegene, 360 Hektar große Waldfläche als eine Art botanische Vorratskammer überschreiben lassen. Vor allem für die Arbeiten im Dachgestühl des Münsters werden oft bis zu 20 Meter lange und möglichst aus einem Stück geschnittene Bretter und Bohlen gebraucht: viel Holz also, das die Münsterbauhütte teuer bezahlen müßte, wüchse es nicht in ihrem eigenen Wald.

Ein wenig märchenhaft hört sich das allerdings schon an: Wegen ein paar Holzbrettern hält sich das Œuvre einen ganzen Wald? Diesen Luxus kann sich nicht einmal die Münsterbauhütte leisten. Sie ist dringend auf die Erlöse angewiesen, die sie durch den Holzverkauf an Dritte erzielt. Da trifft es sich gut, daß sich's dabei nicht um irgendwelches Holz handelt, sondern um prächtiges Eichenholz, und daß dieses Holz gerade im Weinland Frankreich ein besonders begehrter Artikel ist – dient es doch zur Herstellung der Fässer, in denen die edelsten Weine reifen. Ein Großteil des hier verkauften Eichenholzes landet deshalb im fernen Bordeaux. Und wer heute irgendwo auf der Welt eine Flasche aus einem der prominenten Bordeaux-Weingüter ersteht, um sie genießerisch – *très barrique!* – zu leeren, beteiligt sich so in gewisser Weise an den Erhaltungskosten für das Straßburger Münster.

Ein finanziell weniger bedeutender, dafür mehr romantischer Aspekt der wirtschaftlichen Nutzung des Elmerforstes ist der Verkauf spezifischer Delikatessen wie Waldhonig oder Wildfleisch – nicht etwa in Feinkostgeschäften oder gar in Supermarktketten, sondern ganz nostalgisch an der Quelle selbst, nämlich in einem alten Forsthaus. Es liegt sehr einsam (wie sich das für ein ordentliches Forsthaus gehört), mitten im Wald. Wer, wie das Pächterehepaar Michel und Eliane Jérôme, in derart abgelegener Lage zu wirtschaften hat, tut gut daran, zumindest einen Teil des Haushalts auf Selbstversorgung umzustellen: »Wir sind hier«, erklärt Michel, »durchaus auf ein gewisses Maß an Autarkie angewiesen.« Inmitten des Elmerforstes unterhalten die Jérômes deshalb eigene Kräuter- und Gemüsebeete, eine eigene Imkerei und sogar eine kleine Molkerei; zuweilen backen sie auch ihr eigenes Brot oder stellen Säfte aus Waldbeeren her.

Die Münsterbauhütte verdient nicht nur am Verkauf dieser Produkte mit, sondern auch daran, daß Ausflügler sie an Ort und Stelle konsumieren können – in der kleinen Waldwirtschaft, die dem Forsthaus angeschlossen ist. Wobei die Forstleute und die bei ihnen einkehrenden Erholungssuchenden aus Straßburg und der näheren Umgebung fast immer unter sich bleiben: Obwohl nämlich der Elmerforst und das alte Forsthaus in seiner Mitte fast idealtypisch der schönen alten Märchenwald-Idylle entsprechen, ist von ihnen bislang weder in Elsaß-Reiseführern noch in den Empfehlungen der einheimischen Touristenverbände die Rede. Nachdem das hiermit anders geworden ist, rükken wir auch gleich mit der genauen Wegbeschreibung heraus.

Um das Geheimtip-Forsthaus zu erreichen, fährt man von Straßburg aus über Marlenheim und Westhoffen nach Balbronn – und legt dort am besten eine kleine Pause ein. Denn es gibt eine Ende des 19. Jahrhunderts in neugotischem Stil erbaute Synagoge, von der allerdings nur die wunderschöne Fassade aus rosa Sandstein und die übrigen Außenwände die Besetzung des Elsaß durch die Nazizeit überstanden haben.

Wie lange diese Synagoge noch in Balbronn stehen wird, läßt sich allerdings nicht mit Sicherheit vorhersagen. Seit einiger Zeit existieren nämlich Pläne, das gesamte Bauwerk nach Jerusalem zu transferieren, um es dort wieder seinem ursprünglichen religiösen Zweck zuzuführen. Zwar verbot das eifersüchtig auch über die Kunstdenkmäler des Elsaß wachende Pariser Kulturministerium 1998 den ungewöhnlichen Architekturexport. Doch die Befürworter des Projekts, mittlerweile wortgewaltig auch von dem Schriftsteller Eli Wiesel unterstützt, haben ihre Pläne keineswegs endgültig ad acta gelegt. Im Nordviertel Jerusalems weist eine steinerne Bautafel nach wie vor auf den bevorstehenden Wiederaufbau der Balbronner Synagoge an diesem Ort hin.

Was auch immer geschieht – seine Hauptattraktion wird dem Dorf Balbronn erhalten bleiben: die im 11. Jahrhundert auf einem uralten frühromanischen Sockel errichtete Wehrkirche, in der sich zwei steinerne Gräber aus dem 16. Jahrhundert befinden. In einem der beiden Gräber liegt ein junges Mädchen, von dessen Schicksal nichts überliefert ist als sein Name: Ephrosine von Schauenburg. Das andere Grab aber beherbergt einen weit über die Grenzen des Elsaß hinaus prominenten Toten, den Junker Hans von Mittelhausen, und seine Ehefrau. Nie gehört? Kein Wunder: Bekannt geworden ist Hans von Mittelhausen als der »Ritter mit der eisernen Hand«.

Auch wenn er sich diesen Titel später mit Götz von Berlichingen teilen mußte – der elsässische Junker war der erste, der dank seiner Ersatzhand zu Ruhm gelangte. Wer's nicht glaubt, kann seine Zweifel an Ort und Stelle ausräumen lassen. Denn während der Leichnam des Ritters längst zu Staub zerfiel, hat seine bewegliche Arm- und Handprothese die Jahrhunderte überdauert – und kann heute noch in einer gläsernen Vitrine (rechts des Chores) bestaunt werden.

Doch außer diesem kleinen technischen Meisterwerk beherbergt die Balbronner Kirche noch ein sehr viel größeres: ihre 1747 von Johann Andreas Silbermann erbaute Orgel. So schön dieses Instrument auch gebaut ist – eine Orgel, und schon gar eine Silbermann-Orgel, sollte man sich vor allem anhören. Das ist hier gottlob kein Problem: Für den Fall, daß man die hier veranstalteten Orgelkonzerte verpaßt, vermitteln einem die benachbarten Fremdenverkehrsämter von Wasselonne und Wangenbourg-Engenthal Besichtigungstermine, einschließlich akustischer Demonstration des Silbermann-typischen, strahlenden Orgelklangs.

Es gibt im Elsaß übrigens noch eine ganze Reihe weiterer Silbermann-Orgeln zu sehen und zu hören. Auch wenn die Familie Silbermann ursprünglich aus Sachsen stammt (wo Johann Andreas' Onkel Gottfried Silbermann seine berühmten großen Orgeln baute) – zuerst entwickelt wurden die Prototypen der bis heute von vielen Organisten wegen ihrer ungewöhnlichen Klangreinheit und ihres Reichtums an Obertönen geschätzten Silbermann-Instrumente tatsächlich im Elsaß. Von Andreas Silbermann (bei ihm ging sein Bruder Gottfried in Straßburg in die Lehre) und seinem Sohn Johann Andreas gebaute Orgeln finden sich unter anderem in Straßburg (St. Pierre-le-Jeune), Marmoutier, Colmar (St. Mathieu), Ottrott, Altorf, Molsheim, Soultz-les-Bains und Wasselonne.

Es gibt sogar Veranstalter, die Elsaßfahrten ausschließlich oder vorwiegend unter diesem Gesichtspunkt organisieren: als Reisen von Orgel zu Orgel. Doch auch – und gerade – wer sich nicht zu deren möglichem Kundenkreis zählt, weil er mit Orgelmusik womöglich so viel auch wieder nicht anfangen kann, macht nichts verkehrt, wenn er sich einmal dem Klang einer elsässischen Silbermann-Orgel wie der in Balbronn aussetzt. Diese Orgel klingt nämlich gar nicht wie eine Orgel, zumindest nicht wie jene unzähligen modernen oder auf modern getrimmten Kirchenorgeln, die keineswegs nur bei musikalischen Banausen allergische Reaktionen hervorrufen. Selbst einer der bedeutendsten Organisten des 20. Jahrhunderts, der in Deutschland vor allem als »Urwalddoktor« berühmt gewordene Musiker und Arzt Albert Schweitzer, bescheinigt in seiner großen Bach-Monographie den modernen Orgeln »einen Klang, der auf die Dauer geradezu unerträglich wirkt«.

Wir kommen allmählich vom Thema ab? Ganz und gar nicht: Der Klangunterschied zwischen den originalen Silbermann-Orgeln und den modernen Orgeln hat viel mit der Geschichte des 19. und 20. Jahrhunderts zu tun, und damit auch mit dem Unterschied zwischen der Atmosphäre des alten, ländlich geprägten, ja aus unserer Sicht fast weltabgeschiedenen Elsaß, wie er bis heute in Balbronn spürbar wird, und dem Geist des neuen Elsaß, in dem deutscher Imperialismus, französischer Zentralismus, europäischer Selbstbehauptungswille und internationaler Tourismus ihre – nicht selten übergroßen – Spuren hinterlassen haben.

All das ist tatsächlich über den Orgelklang erfahrbar. Woran nämlich liegt es, daß Albert Schweitzer, und wir mit ihm, den Klang moderner Orgeln zuweilen »unerträglich« finden? Schweitzer hat die Antwort selbst gegeben: »An dem unnatürlich starken Wind, mit dem die Pfeifen der modernen Orgel gespeist werden. Über dem Streben nach Tonstärke haben wir die Tonschönheit und den Tonreichtum, der im harmonischen Zusammenklingen ideal intonierter Stimmen begründet ist, vergessen.«

Haben wir schon erwähnt, daß Albert Schweitzer selbst aus dem Elsaß stammt? Geboren wurde er in Kaysersberg, seine ersten Erfahrungen mit dem Orgelspielen machte er in Mulhouse. Doch bevor wir uns in diesen Orten umschauen, lassen wir das kleine Balbronn noch einmal auf uns wirken: ein Dorf, das merken wir zur Not auch, ohne die Balbronner Orgel zu hören, an dem der von Schweitzer beklagte »unnatürlich starke Wind« der letzten 130 Jahre in der Tat vorbeigeweht zu haben scheint. Daß hier, außer uns natürlich, trotz Silbermann-Orgel, Synagoge und eisernem Hans meist kaum ein Tourist haltmacht, hat allerdings auch einen kleinen Nachteil: Es gibt kein Restaurant in diesem Ort, noch nicht einmal eine Dorfwirtschaft – dafür ist Balbronn offenbar zu klein. Was uns andererseits nichts ausmacht; denn auch wir sind ja sozusagen nur aus Versehen hierher geraten.

Unser eigentliches Ziel war und bleibt die Waldwirtschaft im Elmerforst.

Wir steigen also wieder ins Auto, folgen von Balbronn aus für zwei Kilometer der Straße nach Oberhaslach und biegen dann nach rechts auf den Fahrweg durch den Elmerforst ab. Und erreichen so, nach weiteren drei Kilometern, endlich den Waldparkplatz und das Forsthaus.

Montag und Dienstag ist hier Ruhetag; von Mittwoch bis Freitag bietet der Besuch im Elmerforst gemäßigt zivilisationsmüden Zeitgenossen die hochattraktive Kombination aus garantierter Waldeinsamkeit und der Möglichkeit zur Einkehr im rustikalen Forsthaus. Am Wochenende dagegen geht es zumindest in der unmittelbaren Umgebung der Waldwirtschaft manchmal so belebt zu wie beim Osterspaziergang in Goethes Faust: »Hier ist des Volkes wahrer Himmel. Zufrieden jauchzet Groß und Klein: Hier bin ich Mensch, hier darf ich's sein.« Die ideale Gelegenheit also auch für Touristen, die Jagd nach Sehenswürdigkeiten zu unterbrechen und statt dessen mitzuerleben, wie Elsässer selbst ihre Freizeit im Elsaß verbringen.

Falls jemand der Wochenendtrubel hier nicht ausreicht: Im wenige Kilometer von hier entfernten Marlenheim (wir haben es auf der Fahrt in den Elmerforst schon einmal passiert) beginnt die große elsässische Weinstraße. Mit der beschäftigen wir uns jedoch erst später. Jetzt ruft zunächst einmal der Berg.

11. Der Berg ruft

Am 19. Mai 2002 gelang der elsässischen Polizei etwas, was sie selbst für unmöglich gehalten hatte: Sie fing ein Phantom. Zwar führte das Phantom da schon einen Namen, aber gerade der hatte die Polizei so mutlos gemacht. Als »Arsène Lupin vom Mont-Sainte-Odile« – nach dem Namen eines Gentleman-Einbrechers und -Detektivs, der als Romanheld in Frankreich so populär ist wie Sherlock Holmes in England – bezeichneten die elsässischen Zeitungen das Wesen, das jahrelang durch geschlossene Türen ging, ohne dabei von einer Menschenseele gesehen zu werden.

Um aber unsere Lieblingsgeschichte aus dem Elsaß, die noch dazu den Vorzug hat, eine von A bis Z wahre und leicht nachprüfbare Geschichte zu sein, von ihrem Beginn an zu erzählen: Irgendwann im Frühjahr 2000 hatte der Bibliothekar des Klosters auf dem Mont-Sainte-Odile, dem »heiligen Berg des Elsaß«, bemerkt, daß einige wertvolle alte Bücher aus dem alten Bibliothekssaal verschwunden waren. Schlimmer noch, es verschwanden immer weitere Bücher, auch nachdem der Bibliothekar den Vorfall dem Vorsteher des Klosters und dieser ihn der Polizei gemeldet hatte. Sie verschwanden trotz aller Sicherheitsvorkehrungen, die alsbald getroffen wurden: Nicht nur auswärtige Bibliotheksbesucher, sondern auch die ehrwürdigen Klosterinsassen selbst – gegenwärtig leben dort drei Mönche und vier Nonnen – mußten sich beim Verlassen der Bibliothek peinlich genauen Kontrollen unterziehen.

Diese Kontrollen wurden erst dann wieder gelokkert, als es den Verantwortlichen gelungen war, die Tatzeit einzugrenzen: Die Bücher verschwanden immer nachts – und das, obwohl die dann ohnehin verschlossene Tür von der Polizei erst mit zusätzlichen Sicherheitsschlössern versehen und später obendrein noch versiegelt worden war. Half aber alles nichts: Am Morgen darauf waren Schlösser und Siegel zwar ebenso unbeschädigt wie die Gitter vor den ohnehin schmalen Bibliotheksfenstern, aber immer wieder fehlten weitere Bücher.

Erst als sich die Polizei und die Klosterleitung zu der eigentlich absurden Maßnahme entschlossen, eine Infrarot-Videokamera in dem von allen Seiten verriegelten und versiegelten Bibliothekssaal zu installieren, konnte das Phantom zur Strecke und sein wahrer Name ermittelt werden. Nun gilt es zwar mit Recht als gemein, die Namen von Straftätern ohne Not öffentlich zu machen. Aber solch wunderbare Straftaten wie diese schreien geradezu nach einer Ausnahme von der Regel: Als Arsène Lupin vom Odilienberg entpuppte sich der junge Straßburger Lehrer Stanislas Gosse.

Der Mann wurde nicht nur, wie viele andere auch, schon als Kind immer wieder von Eltern und Bekannten auf den Mont-Sainte-Odile geführt (der heilige Berg und sein Kloster gehören zu den beliebtesten Ausflugszielen im Elsaß); Gosse ist darüber hinaus, unnötig das zu betonen, ein leidenschaftlicher Liebhaber vor allem alter Bücher. Als solcher hatte er in einer Straßburger Bibliothek in einem alten Folianten die Mitteilung über einen bereits im Mittelalter angelegten Geheimgang gefunden, der vom alten Kapitelsaal des Klosters direkt in die Bibliothek führte. Um die getarnte Tür mittels eines raffinierten Mechanismus zu öffnen, so stand da zu lesen, mußte man eine ganz bestimmte steinerne Rose bewegen.

Keine Frage, diese Geschichte klingt dermaßen penetrant nach alten Schauerromanen oder auch nach Historienschinken aus Hollywood, daß kein normaler Mensch sie für etwas anderes halten würde als für eine hübsche Legende. Stanislas Gosse aber hielt sie schlicht für eine Gebrauchsanweisung. Er betrat eines Abends den Kapitelsaal, fand schnell die beschriebene Rose aus

Stein, schob und drehte ein bißchen an ihr herum, und schon öffnete sich die Tür zum Geheimgang.

Wer hätte der Versuchung, die sich da auftat, widerstehen können? Er jedenfalls, so sagte der Lehrer im November des selben Jahres vor Gericht, habe es nicht gekonnt. Und siehe, die Richter glaubten ihm; sie sorgten mit ihrem Urteil dafür, daß die Geschichte auch in der Realität beinahe so glücklich endete wie ein Märchen. Sie verurteilten Stanislas Gosse unter Würdigung der Tatsache, daß er keines der Bücher zu verkaufen versucht und sie nun alle unbeschädigt (wenn auch nicht ungelesen) dem Kloster zurückgegeben habe, zu mäßigen achtzehn Monaten auf Bewährung, mit der ausdrücklichen Feststellung, daß Gosse sein Lehreramt trotz dieses Urteils behalten und weiter ausüben dürfe.

Und die Moral von der Geschichte? Erstens, die altmodische Kunst des Bücherlesens läßt einen auch heute noch persönliche Abenteuer erleben, die andere nur aus dem Kino kennen. Und zweitens: Reiseführer haben immer recht, selbst dann, wenn sie das selbst gar nicht wissen. Weswegen wir den Satz, den wir selbst Dutzende von Malen gehört und gelesen, aber bis vor kurzem nie wirklich geglaubt haben, nun besten Gewissens selbst hinschreiben: Der Mont-Sainte-Odile birgt viele verborgene Geheimnisse.

Als eine Art Nationalheiligtum des Elsaß, das die Elsässer selbst allerdings (wie Stanislas Gosses Eltern) in erster Linie als irdisch-vergnügliches Ausflugsziel verehren, gilt der oberhalb von Ottrott (nahe bei Obernai) gelegene Mont-Sainte-Odile wegen einer anderen Legende: der vom Herzog Eticho, der hier im 7. Jahrhundert eine Burg erbaute, die seine Tochter Odilia (weil sie durch ein Wunder von ihrer angeborenen Blindheit geheilt worden war) später zum Kloster umbauen ließ.

Daß der Mont-Sainte-Odile tatsächlich zu den am frühesten besiedelten Gebieten des Elsaß gehört, beweisen dabei weniger das imposant auf seinem Gipfel thronende Kloster und dessen diverse im Lauf der Jahrhunderte erbaute und verschiedenen Heiligen gewidmete Kapellenbauten als vielmehr die ungewöhnlich gut erhaltenen Überreste einer aus grob zugehauenen Felsquadern errichteten, bis zu fünf Metern hohen und zwei Metern dicken Mauer, die das gesamte Gipfelplateau umschließt. Wozu die Heidenmauer (*mur des païen*) gedient hat, ist bis heute nicht wirklich geklärt. Als wahrscheinlich gilt die Hypothese, es handle sich um eine im zweiten vorchristlichen Jahrhundert errichtete keltische Fluchtburg.

Trotz seiner Bedeutung aber, und trotz der vielen Geschichten und Legenden, die sich um ihn geknüpft haben: Als Berg im strengen Sinn ist der 763 Meter hohe Mont-Sainte-Odile mit den Gipfeln des Vogesenhauptkamms nicht zu vergleichen. Anders ist das schon mit dem westlich von Schirmeck aufragenden Donon, der den mittleren Vogesen zugehört. Auch er ist zwar ein populäres Ausflugsziel, aber ihn besteigen die Ausflügler gewöhnlich zu Fuß. Über die letzten 300 Meter vom Parkplatz am *Col du Donon* zum Gipfel, führt der gut ausgebaute Steig auch an einer Reihe von Denkmälern aus keltischer und römischer Zeit vorbei, an einem Druidenfelsen zum Beispiel, einer Zisterne und an Stelen, die verschiedenen antiken Gottheiten gewidmet sind. Ausgerechnet der eindrucksvolle antike Tempel aber, der den Gipfel krönt, ist eine Fälschung aus dem 19. Jahrhundert.

Es hilft also nichts: Wer das von allem Erbauungskitsch freie Gipfelerlebnis sucht, muß sich nach anderen Bergen des Vogesenhauptkamms umschauen. Dabei hat er die Auswahl zwischen zwei mittlerweile nicht nur gegen Zersiedelung und gegen allzu intensive landwirtschaftliche Nutzung, sondern auch gegen touristische Übererschließung geschützten Gebieten: dem *Parc Naturel des Vosges du Nord* und dem im südlichen Teil des Elsaß gelegenen *Parc Naturel Régional des Ballons des Vosges*. Der erste Naturpark ist bis an seine nicht über 600 Meter hohen Gipfel mit schönen alten Mischwäldern, alten Weideflächen und Bergwiesen bedeckt (wie übrigens auch manche außerhalb des Landschaftsschutzgebiets gelegenen Teile der Nordvogesen) und erfreulich wenig überlaufen; Gelegenheit zu entspannenden, wenn man will auch zu anstrengenden Wanderungen in romantischer Umgebung, gibt es also hier viele.

Wirklichen Hochgebirgscharakter nehmen die

Vogesen aber vor allem in ihrem südlichen Teil an. Und bitte erzählen Sie, wenn Sie aus Bayern, gar aus Österreich oder der Schweiz kommen, den Elsässern nicht, bei sich daheim hätten sie aber viel eindrucksvollere Berge. Denn erstens wissen die Elsässer das selbst auch, und zweitens, was genau heißt eigentlich eindrucksvoll? Wahr ist, daß es im Elsaß keine Gletscher gibt; das wäre auch schwierig bei Gipfelhöhen von maximal 1424 Metern (so hoch ist der Große Belchen, oder, wie er amtlich – und in Unterscheidung zu dem Schwarzwaldberg gleichen Namens heißt – Grand Ballon). Und wahr ist auch, daß die Vogesen nicht mit zackigen Gipfelpanoramen aufwarten können, wie sie die Alpen auf Schritt und Tritt bieten. Dennoch gibt es passionierte Bergwanderer aus Bayern und Österreich, die ihre Touren am liebsten im Gebiet des südlichen Vogesenhauptkamms machen, vor allem, wenn diese Touren sich über mehrere Tage erstrecken. Hier nämlich, so finden sie, sei das Bergsteigen oft viel authentischer als in den Alpen.

Authentischer? Das klingt, eben wegen der geringen Gipfelhöhen, aber auch angesichts der Tatsache, daß sich der gesamte Vogesenkamm, wenn man's denn drauf anlegt, mit dem Auto in einer knappen Stunde überqueren läßt, nach einer eher vorwitzigen Behauptung. Und doch gibt es für alle, die da nun spöttisch oder nachsichtig zu lächeln beginnen, eine sehr einfache, und obendrein angenehme Möglichkeit, die Stichhaltigkeit dieser Behauptung nachzuprüfen: die

Übernachtung in einer der entlang aller Wanderwege, die durch und über die Vogesen führen, anzutreffenden *fermes-auberges*.

Fermes-auberges, bewirtschaftete Bauernhöfe, gibt es in ganz Frankreich. Man kann dort rasten, Milch trinken, Wasser, Wein oder Bier, man kann landestypische Spezialitäten verzehren und manchmal auch übernachten – Ferien auf dem Lande halt, oder *agriturismo*, wie die Italiener das nennen. Im Elsaß allerdings sind *fermes-auberges* in der Regel bewirtschaftete, nicht selten auch (für normale Menschen ohne Sondergenehmigung) nur zu Fuß erreichbare Bergbauernhöfe, und eben das macht die Sache hier so reizvoll. Denn zum einen ist man – sportlicher Ehrgeiz hin, medidatives Geh- und Naturerlebnis her – als Bergwanderer natürlich dankbar, wenn das Ziel der Tour nicht der gleiche Parkplatz oder die gleiche Bushaltestelle ist, von denen man in der Frühe aufbrach, sondern eben eine gastliche Stätte droben in den Bergen. Zum anderen aber, und da kommen wir auf den Authentizitätsvorsprung des Elsaß, genießt man dieses Dankbarkeitsgefühl besonders stark, wenn man sich in einer solchen Unterkunft nicht nur ausschließlich unter seinesgleichen, unter lauter bergsteigenden Flachländern also, wiederfindet, wie das etwa in den Alpenvereinshütten der Fall ist.

Die *fermes-auberges* des Elsaß, darauf läuft jedenfalls die Idee des Ganzen hinaus, betreiben die Verköstigung und eventuelle Beherbergung von Gästen nicht als ihren Hauptzweck, sondern lediglich als Nebenerwerbsbetätigung. Was den Effekt hat, daß der Einkehrende sich tatsächlich mehr als Gast denn als Kunde fühlt. Sein Gastgeber lebt nicht, oder jedenfalls nicht in erster Linie, ihm zuliebe hier oben: Es sind tatsächlich Bergbauernhöfe, in die man dort einkehrt, und nicht Gasthöfe oder Hütten, die nur wie Bergbauernhöfe aussehen.

Wobei, andererseits, das Aussehen vieler Bergbauernhöfe (also auch vieler *fermes-auberges*) in den Vogesen eher unzureichend dem rustikalen Klischee entspricht, das man aus Heimatfilmen oder Alpenwanderungen in Bayern oder Österreich im Kopf hat. Gewiß steht hier oder dort auch einmal ein besonders ansehnlicher Hof herum; sehr schöne Exemplare, mit eindrucksvollen Auffahrten aus behauenen Felsbrokken, finden sich zum Beispiel an den Abhängen des Reisbergs und der Têtes des Immerlins oberhalb von Orbey. Doch einen eigenen Bauernhaustyp gibt es, anders als in vielen Alpenregionen oder auch im Schwarzwald, in den Vogesen nicht. Hier wurde und wird zum Teil noch vor allem nach pragmatischen Gesichtspunkten gebaut, und als Material diente dabei, was eben zur Hand oder doch möglichst günstig aufzutreiben war; Hauptsache, es schützte vor Kälte, Wind und dem Regen, der sich (auch das muß über die Vogesen gesagt sein) oft und reichlich auf diese Höhenregion ergießt – kein Wunder bei der Lage dieses Gebirgskamms, an dem sich ein Großteil der von West nach Ost ziehenden Wolken zu verfangen pflegt.

Solange ein elsässischer Bergbauer sich beim Bau seines Anwesens dabei nur auf Holz und Ziegel beschränkte, kann sich das Ergebnis noch einigermaßen sehen lassen. Doch oft genug finden sich hier auch so wenig romantische Baustoffe wie Formsteine, Betonplatten, Dachschindeln aus gräulichem (in des Wortes – dank neuer Rechtschreibung – doppelter Bedeutung) Eternit oder gar Wellblechdächer. Was tut's aber? Unerschrockene Vogesenfans, denen die allzu oft und schrankenlos nachgeahmte alpine Folklore mittlerweile selbst dann aufs Gemüt schlägt, wenn sie echt ist, finden gerade die prosaische Nüchternheit der Vogesenhöfe besonders authentisch.

Man muß diese Art von Enthusiasmus indes nicht teilen, um eine andere regionaltypische Eigenart der elsässischen *fermes-auberges* genießen zu können: ihre Küche. Wobei von Küche im strengen Sinn dabei zuweilen gar nicht die Rede ist; denn vieles von dem, was dem Gast hier gern vorgesetzt wird, braucht gar keinen Küchenherd: das Rauchfleisch etwa, die Aufschnittplatten von Elsässer Wurst und Schinken, der *munster* (Münsterkäse) und der *barikas* (Bergkäse). Doch keine Sorge, es gibt auch warmes Essen in den *fermes-auberges*. Verbreiteter Standard ist zum Beispiel das *repas marcaire*, die Melkermahlzeit. Sie beginnt mit einer *tortue de la vallée*, einer deftigen Fleischpastete, bei der es sich nun doch als großer Vorteil erweist, wenn sich die Gastgeber aufs Kochen verstehen: Die mit Fleischbrät gefüllten Blätterteighüllen gelingen nicht jedem so locker und knusprig, wie sie im Idealfall auf den Tisch kommen sollten.

Im Anschluß daran gibt es gern ein paar Scheiben vom geräucherten Schweinefleisch mit *roigebrageldin*, den roh angebratenen, mit Speck und Zwiebeln ergänzten Kartoffeln. Dann folgt der Käse, und zum Abschluß ein Dessert – wenn man Glück hat und die richtige Jahreszeit erwischt, besteht es aus Waldbeeren mit frischem Rahm; den beziehungsweise die Milch, von der er abgeschöpft wird, liefern *les belles des Vosges*: So heißen die schwarzweiß gefleckten Rassenkühe, deren Aufzucht die Hauptbeschäftigung des Gastgebers ist (und die übrigens, nachdem sie zu Anfang des 20. Jahrhunderts in den Vogesen so gut wie ausgestorben waren, vor wenigen Jahrzehnten erst wieder mühsam hier angesiedelt werden mußten – ähnlich wie die Störche drunten im Vorland der Vogesen).

Unschwer zu bemerken: Für Kalorieneinsparer ist die übliche *fermes-auberges*-Kost ganz und gar nicht geeignet. Doch zum einen: Wer denkt in dieser Umgebung schon an Diätrezepte? Serviert werden die Mahlzeiten, wenn man sie nicht, was gar nicht selten vorkommt, gemeinsam mit den Gastgebern an deren Familientisch zu sich nimmt, auf einfachen Holztischen in einfachen Stuben oder, wenn's die Witterung erlaubt, manchmal auch im Freien. Und zum anderen: Die Kalorien, die man hier zu sich nimmt, hat man im Idealfall davor, beim Anmarsch nämlich, alle längst verbraucht – oder verbraucht sie anderntags, beim Weiterwandern zur nächsten *ferme-auberge*.

Für die Routenplanung erhält man eine vollständige Liste aller Bergbauerngasthöfe im Elsaß bei den einschlägigen Fremdenverkehrsbüros. Doch auch wenn die *fermes-auberges* in einem Verein mit strengen Grundsätzen (kein übertriebener Luxus! kein hauptgewerblicher Restaurations- oder Hotelbetrieb! mindestens 70 Prozent der angebotenen Nahrungsmittel aus eigener Produktion!) zusammengeschlossen sind, unterscheiden sie sich nicht nur in ihrer Lage, sondern auch in ihrer Ausstattung und ihrem Angebot oft recht deutlich voneinander. Unter denen, die mit dem Auto erreichbar sind, werden manche mittlerweile auch von Reisebussen angefahren. Einfache Faustregel daher: Je abgelegener, desto besser. Wichtig dabei: Gerade im Fall der schwer erreichbaren *fermes-auberges* ist die Voranmeldung notwendig, schon deswegen, weil die Aufnahmekapazitäten der einzelnen Häuser fast immer sehr begrenzt ist.

Und schließlich: Natürlich lassen sich die elsässischen Gipfelregionen auch anders erkunden, weniger authentisch und weniger schweißtreibend vielleicht, aber deswegen nicht unbedingt weniger genußversprechend. Über die höchsten Erhebungen des Vogesenkamms beziehungsweise knapp unter ihnen vorbei führt nämlich eine der prominentesten *routes touristiques*, die *route des crêtes*. Entstanden freilich ist sie ganz und gar nicht zur Förderung des Fremdenverkehrs, eher schon aus einem ganz gegenteiligen Grund: Französische Pioniere legten sie im Ersten Weltkrieg an, um die Versorgung der Gebirgstruppen zu ermöglichen, die den Kamm als natürliche Sperrlinie gegen den möglichen Einfall deutscher Truppen zu sichern hatten.

Heute denkt daran kaum noch jemand, der auf der *route des crêtes* unterwegs ist; statt dessen sind ihre zahlreichen Aussichtspunkte, die über sie erreichbaren Bergdörfer und vor allem die Bergseen, in deren Nähe sie verläuft, zu beliebten (und deswegen an sonnigen Wochenenden stets überfüllten) Ausflugszielen für Elsässer wie für Deutsche geworden. Klar, daß sich dort überall auch zahllose Restaurants und Hotels etabliert haben. Viele von ihnen lassen sich ebenfalls als Ausgangspunkte für Wanderungen nützen, die gar nicht immer lang sein müssen: Den Heerscharen der Autotouristen entkommt man zu Fuß oft verblüffend schnell – um sich unversehens im stillen Bergwald, auf einer bunten Almwiese oder sogar, wenn man ein bißchen Glück (respektive eine gute Landkarte) hat, an einem rauschenden Gebirgsbach mit grünschimmernden Gumpen als Badegelegenheiten wiederzufinden.

Von Mitte November bis in den April hinein machen Schnee und Eis – so »alpin« sind die südlichen Vogesen denn doch – einen beträchtlichen Teil der Kammstraße (zwischen Hohneck und dem Grand Ballon) häufig unpassierbar, jedenfalls für Autos. An deren Stelle kommen Langlaufski zum Einsatz; die Straße verwandelt sich dann in eine begeistert genutzte Loipe. Und weil wir gerade von Skiern reden: Selbstverständlich gibt es auch Abfahrtspisten in den Vogesen, und zwar in sämtlichen Schwierigkeitsgraden. Die meisten von ihnen finden sich in der Nähe der felsigen Martinswand bei Le Hohneck und am Col de la Schlucht, von dessen Paßhöhe ein Sessellift zum 1246 Meter hoch gelegenen Montabey hinaufführt.

Wer die Reize der Vogesenlandschaft auf weniger ausgetretenen Pfaden genießen möchte, dabei aber trotzdem sein Auto nicht missen möchte, sollte von Colmar aus durchs Munstertal nach Munster fahren und sich von dort aus über die kleine *route du fromage*, in südwestlicher Richtung, den Lac de Lauch ansteuern. Ihn erwarten einer der idyllischsten Winkel des Südelsaß – und, wenn er sie zu finden weiß, eine ganze Reihe gemütlicher *fermes-auberges*.

12. Ohne Touristen: Das Elsaß unter sich

Natürlich verspricht die Kapitelunterschrift zu viel, oder auch (für potentielle Elsaßreisende) zu wenig: Ein Elsaß ohne Touristen gibt es nicht, oder nur an ganz wenigen Stellen. Da sind zwar die öden Vorstadtsiedlungen von Straßburg oder Mulhouse, gewiß, in die nie ein Tourist einen Fuß setzt – aber ein Elsässer den seinen in der Regel genausowenig. Wenn wir hier vom Elsaß unter sich sprechen, meinen wir deshalb gar nicht einen geographisch genau abzugrenzenden Bezirk. Eher schon so etwas wie den ideellen (was nicht unbedingt heißen muß: auch idealen) »Normalzustand« dieser Region. Der ließe sich zwar auch in den überlaufensten Fremdenverkehrsorten finden, da nämlich, wo die Fremden nicht hinkommen, in den Privatwohnungen also, in Behördenräumen oder in den vielen großen und kleinen Industriebetrieben, die oft näher bei den touristischen Attraktionen angesiedelt sind als die Touristen vermuten.

Nur, zu all diesen Orten haben wir ja in der Regel keinen Zugang. Es sei denn, man lädt uns ausdrücklich dorthin ein. Das aber wird dem Gast aus Deutschland, auch wenn er sich länger im Elsaß aufhält, nur sehr selten passieren. Grund dafür ist weniger Fremden- oder Deutschenfeindlichkeit, sondern einfach die Tatsache, daß sich das Elsaß in dieser Hinsicht mittlerweile sehr französisch gibt; und in Frankreich ist es nun einmal sehr viel weniger Sitte als bei uns, jemanden zu sich nach Hause einzuladen. Natürlich gibt es Ausnahmen von dieser Regel, aber die sind schon deswegen sehr selten, weil die Regel in erster Linie ökonomisch bedingt ist: Im Elsaß sind die Wohnungen, wie im Rest Frankreichs, im Durchschnitt deutlich kleiner als bei uns: Für repräsentative Gastlichkeit ist da im allgemeinen nicht viel Platz.

Also werden Elsässer, wenn sie Sie einladen wollen, Sie lieber in ein Restaurant oder eine Weinstube bitten als zu sich. Allerdings werden Ihre Gastgeber sich dort dann, unter Umständen auch etwas demonstrativ, so geben, als ob sie hier zu Hause wären. Zu Ihren selbstverständlichen Pflichten als Gast gehört es dann, ihnen diese Freude zu lassen. Kommen Sie zum Beispiel auf keinen Fall auf die Idee, selbständig nach der Karte zu rufen und sich daraus ein Menu zusammenzustellen oder auch nur ein Getränk zu bestellen. Das alles erledigt der Gastgeber für Sie, und in neunzig von hundert Fällen wird er es zu Ihrer Zufriedenheit erledigen.

Auswärts essen gehen ist im Elsaß (wiederum wie in ganz Frankreich) auch für Familien und andere Normalbürger sehr viel mehr Bestandteil der Lebenskultur als in Deutschland; insofern werden Sie, da Sie ja mit von der Partie sind, bei diesen Gelegenheiten tatsächlich ein Stück elsässischen Alltags mitbekommen.

Doch um das Elsaß auch darüber hinaus in seinem Normalzustand kennenzulernen, muß man sich eben doch ans Leben außerhalb der Privatsphäre halten, und das möglichst in Orten und Gegenden, wo die Elsässer zwar nicht ausschließlich, aber doch überwiegend unter sich sind. Daß solche Plätze manchmal trotzdem in Reiseführern stehen, hat wenig zu besagen. Erstens ist das Elsaß einerseits so klein und übersichtlich, und andererseits die Auswahl an Elsaßführern derart groß, daß man Mühe haben wird, überhaupt noch einen Ort in dieser Region zu finden, der in keinem Reiseführer erwähnt wird.

Und zweitens: Reiseführerbenutzer, das wissen wir alle aus eigener Erfahrung, sind auch nur Menschen. Je mehr Sehenswürdigkeiten uns so ein Reiseführer offeriert, desto schneller neigen wir zumindest zur Teilkapitulation. Und begnügen uns daher selbst dort, wo uns die Besichtigung größerer Orte dringend nahegelegt wird, nach dem langen Blick in den Führer mit einer um so hurtigeren Stippvisite – wenn wir den Ort nicht gleich ganz links liegen lassen.

Dieses schnöde Schicksal bleibt mittlerweile nicht einmal mehr einer so vielgerühmten Stadt wie Saverne erspart, obwohl die, unter ihrem alten deutschen Namen Zabern, einen zumal bei deutschen Touristen höchst populären Fürsprecher gefunden hat: »Mit zwei werten Freunden und Tischgenossen begab ich mich zu Pferde nach Zabern, wo uns, bei schönem Wetter, der kleine freundliche Ort gar anmutig anlachte. Der Anblick des bischöflichen Schlosses erregte unsere Bewunderung; eines neuen Stalles Weitläufigkeit, Größe und Pracht zeugten von dem übrigen Wohlbehagen des Besitzers.«

Soweit Johann Wolfgang von Goethe, dessen rühmende Worte, wir haben es selbst gehört, von örtlichen Fremdenführern rezitiert werden, wenn sie den Reisegruppen, die Saverne überhaupt noch auf ihrer Sehenswürdigkeitsliste stehen haben, die Hauptattraktion der Stadt vorführen: das weitläufig, durchaus mit einem Stich ins Pompöse konzipierte Schloß des Kardinals Louis René de Rohan-Guémené, das das Zentrum der Stadt übermächtig dominiert. Das Zitat ist korrekt, Rohans Prunkschloß steht wirklich da, und doch ist das Ganze ein Fake: Der Student Goethe hat dieses Bauwerk nie gesehen. Was er beschrieb, war der Vorgängerbau, der kurz nach Goethes Visite bis auf die Grundmauern niederbrannte. Die Reisegruppen werden das nie erfahren: Im glücklichen Gefühl, das Wichtigste gesehen und nun überdies etwas mit Goethe gemeinsam zu haben, besteigen sie ihre Busse und verlassen die Stadt. Und warum sollte man ihnen dieses Glück nicht gönnen? Man glaubt als Tourist ja nicht, was man sieht, sondern man sieht, was man glaubt. Und macht deswegen auch lieber die Augen zu, wenn der (mit hoher Wahrscheinlichkeit auf die berühmte elsässische Weinstraße zurollende) Bus durch ein Saverne fährt, dessen Außenviertel den heutigen Beobachter ganz bestimmt nicht mehr so »anmutig anlachen« wie weiland den Elsaßreisenden Goethe. Denn das kleine, nett anzusehende historische Zentrum der Stadt ist nun von einem in den letzten 20 Jahren immer breiter gewordenen Gürtel aus *parcs du commerce* und *zones industrielles* umgeben.

Daß ein Großteil des landschaftlich einst reizvollen Umlands von Saverne bei der Errichtung dieser Gewerbeparks und Industriezonen außerordentlich großzügig zubetoniert wurde, daß auch das – noch – grüne Kochersberger Land (so heißt die sich von Saverne nach Straßburg hinziehende Tiefebene) heute nicht mehr als Reise- und Ausflugsziel, sondern vor allem als idealer Unternehmensstandort beworben wird: das alles macht Thierry Carbiener, dem Bürgermeister von Saverne, sehr viel weniger Kopfzerbrechen als die Sorge, daß manche dieser Industriezonen bereits wieder zu Brachflächen zu veröden drohen. In Saverne, wie im ganzen Elsaß, bewegt sich die Arbeitslosigkeit auf deutlich niedrigerem Niveau als im übrigen Frankreich, aber sie ist auch hier in den letzten Jahren gewachsen.

Carbiener, der stolz darauf ist, daß das 17 000 Einwohner zählende Saverne sich seit kurzem mit dem amtlichen Segen der französischen Regierung als *ville moyenne*, als mittelgroße Stadt also, bezeichnen darf, gibt sich trotzdem zuversichtlich. Er setzt zum einen auf die gesund gemischte wirtschaftliche Struktur seiner Stadt, zu deren größeren Arbeitgebern neben Betrieben der Druck- und der Brauereiindustrie die Niederlassung eines Maschinenbaukonzerns und eine Uhrenfabrik gehören. Und zum anderen auf bessere regionale Vernetzung: also darauf (ohne daß der Bürgermeister das ausdrücklich hinzufügt), daß viele kleine Gemeinden im Umland von Saverne Teile ihrer Selbstverwaltungskompetenzen zugunsten großräumiger und großzügiger Planungsmöglichkeiten aufgeben.

Der Wandel, der sich hier in einem ziemlich überschaubaren Bereich andeutet, wird sich in absehbarer Zukunft auf weite Teile des Elsaß auswirken. Denn das, was Monsieur Carbiener so optimistisch als »bessere regionale Vernetzung« anpreist, nagt heftig an den realen Wurzeln jener Vielfalt und Eigenständigkeit, aus der sich nicht nur der touristische Reiz, sondern auch das besondere kulturelle Selbstbewußtsein gerade dieser Region speist.

Saverne galt – vor allem aufgrund seiner Lage am Fuß des niedrigsten Vogesenübergangs – bis in die zweite Hälfte des 20. Jahrhunderts hinein als eines der bedeutendsten Fremdenverkehrszentren des Elsaß. Es bedeutet demnach eine ganze Menge, wenn der Bürgermeister der Stadt bei der Erläuterung der »gesund gemischten« ökonomischen Struktur den Tourismus nun erst an letzter Stelle nennt.

Was wiederum keineswegs heißen soll, daß dem Reiseland Elsaß demnächst sein letztes Stündlein schlagen wird; das verhindern schon seine großteils gebirgige, zur Industrieansiedlung denkbar ungeeignete Landesnatur, seine gut erhaltene Bausubstanz – und die Entschlossenheit der regionalen Imagepfleger, aus der Eigenständigkeit des Elsaß auch da noch Kapital zu schlagen, wo diese schwer bedroht oder gar schon weitgehend verschwunden ist.

Dennoch wird sich der Prozeß der allmählichen Entindividualsierung von weiten Teilen der Region auf Dauer nicht umkehren lassen. Längst fortgeschritten ist er naturgemäß da, wo die geographischen Voraussetzungen ohnehin die landwirtschaftliche oder industrielle Großnutzung der Landschaft – und in deren Gefolge die Ansiedlung von Zuzüglern aus dem restlichen Frankreich oder aus anderen Ländern – begünstigten, in den großen Rheinebenen also, aber auch in abgegrenzten Kleinregionen wie dem nordwestlichen Ausläufer des Elsaß zwischen La Petite-Pierre und Herbitzheim. *L'Alsace Bossue*, das krumme Elsaß, wird diese Gegend genannt; obwohl sie im Grunde nur dem Namen, eben diesem Namen, nach zum Elsaß gehört. In Wahrheit ist *L'Alsace Bossue* bereits ein Teil des lothringischen Beckens, an das es ebenso angrenzt wie – ganz im Norden – ans Saarland. Aufgrund dieser Randlage ist das krumme Elsaß zu einer fast weltabgeschiedenen Minilandschaft geworden, und eben deswegen für lange Zeit auch zu einer Art Geheimtip für Reisende und Feriengäste, die es weniger auf spektakuläre Landschaften, Baudenkmäler und Touristenstraßen abgesehen hatten als vielmehr auf beschauliche Entspannung in einer vorwiegend von Obstbäumen, Viehweiden, Hecken und kleinbäuerlichen Ansiedlungen geprägten Gegend.

Viel Staat ist derzeit nun einmal weder mit dieser Art von Tourismus noch mit kleinbäuerlicher Landwirtschaft zu machen. Weswegen sich die lokalen Politiker des *Alsace Bossue* seit einiger Zeit heftige Gedanken darüber machen, wie sich ihre kleine Region zumindest Zulieferbetrieben für die Industrien im benachbarten Lothringen und Saarland standortpolitisch verkaufen ließe.

Man muß so etwas natürlich nicht Entindividualisierung nennen; man könnte auch einfach von Normalisierung sprechen. Und warum nicht gleich: Globalisierung? Globalisierung, das stimmt schon, ist zwar theoretisch das Ergebnis von Prozessen, in deren Verlauf sich das jeweils Kleinere dem Nächstgrößeren anpaßt. Praktisch sichtbar wird aber im Elsaß derzeit nicht die letzte Phase dieses Prozesses, auch noch nicht sehr deutlich die vorletzte (die Europäisierung), sondern die erste: die Anpassung an die politischen und kulturellen Strukturen Frankreichs.

Die Elsässer selbst, vor allem die jüngeren unter ihnen, reagieren auf diese Entwicklung mit einer Mischung aus Pragmatismus und leichter Schizophrenie. Einerseits tun sie keineswegs nur ihren Besuchern, sondern auch sich selbst gegenüber gern so, als ob ihre freundliche kleine Sonderwelt noch vollkommen in Ordnung wäre, pflegen also geradezu demonstrativ ihre Fachwerkhäuser, ihre Trachtenvereine, ihre Rebsorten und ihre Mundart. Doch andererseits kommen sie sehr gut damit zurecht, von außen gesehen – und das bedeutet vor allem vom Frankreich jenseits der Vogesen aus – nicht mehr als eigensinnige Provinzler betrachtet zu werden, sondern endlich auch dazuzugehören.

Gerade in kleineren Städten des Elsaß spürt man diesen Mentalitätswandel auf Schritt und Tritt. Sélestat zum Beispiel (Sie erinnern sich: das vormals deutsche Schlettstadt, das dem Kaiser Wilhelm die Ruine der Hohkönigsburg andrehte): Äußerlich sieht der Ort mit seinem gotischen Münster und seinem Gewirr aus Gassen, Plätzen, Türmen und Fachwerkhäusern nach wie vor so aus, als sei er einem Bilderbuch typisch elsässischer Stadtidyllen entsprungen. Und selbst die vielen Weinstuben und elsässischen Spezialitätenlokale des Zentrums sind tatsächlich nicht nur für die vielen Touristen da, die schon der ominösen Hohkönigsburg wegen an Sélestat meist gar nicht vorbeikommen; auch die Einwohner selbst treffen sich hier immer noch gern auf ein Glas Muscat oder Fendant d'Alsace oder gar zu einer Familienfeier mit Winzermenü: Weinbergschnecken als Vorspeise, ein Fasan auf Choucroûte als Hauptgericht, und zum Dessert selbstverständlich einen frischgebackenen Kougelhopf.

Nur eben: So etwas ist auch in Sélestat längst die Ausnahme. Die Regel sind leichtes Bier oder Coca Cola, gern auch Cola light, und *steak frites* oder *sandwich thon* in irgendeinem Café, das irgendeinem Café in den Pariser Außenbezirken oder in Nantes oder in Montpellier zum Verwechseln ähnlich sieht. Die Regel ist bei diesen Gelegenheiten auch immer häufiger die Lektüre einer der in Paris erscheinenden Tageszeitungen anstelle des »L'Alsace« oder der »Dernières nouvelles d'Alsace« (welche aber beide, schon der Schizophrenie zuliebe, ihrerseits an ihren deutschsprachigen Teilausgaben festhalten, auch wenn sich das finanziell längst nicht mehr rechnet).

Auch nicht ganz unwichtig, wenngleich ganz und gar unerfreulich, ist in diesem Zusammenhang die Tatsache, daß es der rechtsradikale Front National so gut wie überall in der Region geschafft hat, die kleinen nationalistischen Parteien wie die (autonomiesüchtige) Elsässische Volksunion (EVU) und das freiheitlich-nationale Nationalforum Elsaß-Lothringen – Unabhängige Landespartei (NFEL) sogar in den lokalen Gremien praktisch bedeutungslos zu machen. Nicht daß es jenen Gruppierungen eine Träne nachzuweinen gäbe; sie dienten mit ihren ultrakonservativen Programmen ein paar vom Zeitgeist vollkommen verwirrten Wählern als Ventil, und darüber hinaus nahm kein vernünftiger Mensch sie wirklich ernst. Entscheidend war: Man mußte sie nicht ernstnehmen – was man von Le Pens Front National nach wie vor leider gar nicht behaupten kann.

Wie anderswo im Elsaß, so tun die alteingesessenen Bürger auch in Sélestat so, als gingen sie die Erfolge des Front National nichts an. Im »echten« Elsaß habe einer wie Le Pen keine Chance, sagen sie, und verweisen achselzuckend auf die »kleinen Leute« in den (auch hier in der Nähe von Industriebetrieben entstandenen) Vorstadtsiedlungen und dem schwierigen Zusammenleben dort mit »den Ausländern«. Wie kommt es dann nur, daß die große nationale Rechtspartei auch in den echt elsässischen, gutbürgerlichen Wohngebieten der Altstadt Sélestats bei jeder Wahl locker die Fünfzehn-Prozent-Marke überschreitet?

Auch wenn das jetzt vielleicht ein wenig boshaft klingt – aber in diesem Zusammenhang sollte auch noch von einem anderen Beispiel elsässischer Anpassung an die gesamtfranzösische Lebensart die Rede sein, und zwar an eine, die mit Politik scheinbar nichts zu tun hat. Sie fällt einem – vorausgesetzt, man war vor 15 oder 20 Jahren schon mal hier – schnell auf, wenn man am späteren Abend, und das heißt hier meist schon ab neun Uhr, durch die Straßen geht: Die Fenster sind alle dunkel. Noch genauer: Man sieht keine Fenster mehr, keine heimelig gerüschten Stoffvorhänge, sondern fast überall nur noch heruntergelassene

Rolläden oder Jalousien aus undurchsichtigen Kunststoffstreben.

Der Gerechtigkeit wegen sei hinzugefügt: Elsässische Freunde haben uns rundweg für hysterisch erklärt, als wir die neue Vorliebe für Fenster-Verbarrikadierung vorsichtig mit schizophrenen Einkapselungstendenzen in Verbindung zu bringen wagten. Das sei, erklärten sie, nichts weiter als eine Folge des vernünftigen, im übrigen auch ökologisch gebotenen Austauschs alter Sprossen- gegen energiesparende moderne Doppelwandfenster; die praktischen Rollläden seien beim Umbau dann gleich mit montiert worden.

Ja, wenn das so ist, haben wir gesagt. Heimlich aber ergriff uns gerade dabei eine ganz blödsinnige Sehnsucht nach dem Anblick von innen beleuchteter Butzenscheiben. Wo fände man die leichter als in den Vorzeige-Winzerdörfern der großen elsässischen Weinstraße, der entlang die Tourismusindustrie nichts unversucht läßt, den nostalgiesüchtigen Schweinehund in uns in Versuchung zu führen? Wie man solchen Versuchungen widerstehen kann, und sie dabei dennoch ein wenig genießen – auch das will bei einer Elsaßreise gelernt sein.

13. Es muß ein Wein sein

Egal, wie viele Touristenstraßen durchs Elsaß führen und wie viele die Fremdenverkehrsindustrie noch dazuerfinden mag: Für die allermeisten Elsaßreisenden ist eine Elsaßreise nach wie vor identisch mit einer Fahrt auf der *route du vin* zwischen Marlenheim und Kaysersberg, der entlang – wir zitieren einen beliebigen Reiseführer – »sich die idyllischen Weindörfer aneinanderreihen wie kostbare Perlen einer Kette«. Schon deshalb hier vor allem anderen eine Warnung: Auf dieser Weinstraße herrscht besonders während der deutschen Oster-, Pfingst-, Sommer- und Herbstferien praktisch ununterbrochener Stoßverkehr; und zumal in den Orten am südlichen Teil dieser Straße geht es tagsüber zu wie an einer Autobahnraststätte während des großen Ferienstaus: lange Schlangen vor den Ortseinfahrten, nervenaufreibende Parkplatzsuche (es sei denn, man reist konsequenterweise gleich im Bus an), spaßverderbende Wartezeiten vor der Einkehr in eines der vielen superpittoresken Restaurants (sie sind in diesen Weinstraßendörfern alle superpittoresk) und garantiert klaustrophobische Anwandlungen während der Ortsbesichtigung.

Um gerecht zu bleiben: Auch hinter den Dorffassaden der Weinstraße, die mittlerweile wie nostalgische Kulissen aussehen, verbirgt sich noch wirkliches Leben. Auch wenn die meisten Touristen kaum etwas davon mitbekommen: Entlang der ganzen Weinstraße wird tatsächlich noch Weinbau betrieben. Überhaupt haben die Kulissen der Weinstraße, gerade weil sie so gut als solche erkennbar sind, den Vorteil, daß sie sich genauso leicht bestaunen wie umgehen lassen. Keine falsche Scheu also: Mit ein wenig Mut und Phantasie findet man auch hier auf der Weinstraße noch die elsässische Wirklichkeit, manchmal sogar die echte Idylle – sie liegt oft überraschend nahe bei der falschen.

Molsheim zum Beispiel: Wer die Weinstraße von Marlenheim aus brav in südlicher Richtung abfährt, erreicht den Ort nach knapp zehn Kilometern. Kommt er am 1. Mai oder Mitte Oktober, sollte er gleich die Ortsumgehung benützen, gerade wegen der großen Plakate und quer über die Straße gespannten Transparente, die ihn auf die dann stattfindenden Weinfeste hinweisen. Überhaupt eine beherzigenswerte Regel im Elsaß: Weinfesten konsequent aus dem

Weg gehen! Weinfeste gibt's auch in Köln, Düsseldorf, Hannover und sogar in München, und aus ihnen läßt sich exakt der gleiche mäßige Lustgewinn ziehen wie aus den elsässischen Weinfesten, und der gleiche Erkenntnisgewinn dazu: Wein ist nun wirklich nicht das Getränk, das man auf Volksfesten im offenen Ausschank zu sich nehmen sollte.

Wirklich elsaßtypisch sieht Molsheim hingegen Ende Juni aus: Dann feiern die Einwohner der Stadt, und keineswegs nur die jungen, ihr Western-Festival, zu dem sich Hunderte von Cowboy- und Indianerclubs aus der näheren und weiteren Umgebung einfinden. Der Himmel weiß warum, aber viele Elsässer lieben es, ein bißchen Wildwest zu spielen oder anderen beim Wildwestspielen zuzugucken. Das kennen Sie ebenfalls schon aus Deutschland? Dann bleibt Ihnen nichts übrig als auch zu diesem Termin einen Bogen um Molsheim zu machen.

Die anderen Molsheimer Sehenswürdigkeiten sind zum Glück das ganze Jahr zu besichtigen. So zum Beispiel die Jesuitenkirche, eine astrein gotische Kirche, die allerdings – mit 150 Jahren Stilverspätung – erst im beginnenden Barock erbaut wurde. Echt mittelalterlich hingegen ist der Große Metzig im Zentrum (Place de l'Hôtel de Ville), das vormalige Zunfthaus der Metzger, in dessen Kellergewölbe ein Restaurant untergebracht ist, das – immer ein beruhigendes Indiz – auch von den Einheimischen selbst ausgiebig frequentiert wird.

Molsheims Hauptattraktion jedoch, die die kleine Stadt weltberühmt gemacht hat, findet sich an der Peripherie des Ortes, im Château St. Jean. Schloßromantik erwartet einen dort allerdings nicht, im Gegenteil: Das Château steht inmitten eines Fabrikgeländes. Hier wurde von 1881 bis 1947 einer der edelsten Sportwagen der Geschichte gebaut: der Bugatti. Nach dem Zweiten Weltkrieg allerdings lohnte sich der Betrieb des Bugatti-Automobilwerks nicht mehr. Während sich der ehemalige Familienbetrieb auf die Produktion von Flugzeugteilen umstellte, wurde die Erinnerung an die sündhaft schönen Luxusgefährte nur noch in einer Dauerausstellung bewahrt. Und natürlich in den Köpfen der Bewohner Molsheims: Wer einen Molsheimer richtig beleidigen will, muß nur der verbreiteten Vermutung Ausdruck geben, Bugattis seien italienische Sportwagen gewesen …

Das vorläufige – und selbst von hartnäckigen Fans lange für unmöglich gehaltene – Happy End der Bugattigeschichte kam dann in allerjüngster Zeit: 2003 wurde, eben im Molsheimer Château St. Jean, die Bugatti-Produktion wieder aufgenommen. Wobei Produktion ein allzu banaler Begriff ist: Das neueste Modell, der Bugatti EB 118 (18Zylinder! 555 PS!) wird im sogenannten »Atelier« von Hand gefertigt. Und nur, wer einen Molsheimer oder Elsässer zusätzlich beleidigen möchte, sollte behaupten, der Bugatti sei, bloß weil die Marke nun vom VW-Konzern geführt wird, ein deutsches Auto.

Ach, übrigens: Ohne Volksfest geht's bei den feierfreudigen Molsheimern auch in dieser Hinsicht nicht. Das Bugatti-Festival findet alljährlich jedes zweite Wochenende im September statt. Akustisch wahrnehmbar ist die Veranstaltung bereits weit vor der Stadt – am bugattitypischen Sound der zahlreichen Oldtimer, die sich zu dieser Zeit aus allen Himmelsrichtungen auf Molsheim zubewegen.

Wer sich statt dessen aus Molsheim fortbewegt, erreicht bald Obernai, einen der größten und entsprechend frequentierten Orte der *route du vin.* Aber diesmal hilft alles nichts: Auch Verächter des Massentourismus sollten Obernai nicht auslassen; sie hätten sonst einen der schönsten historischen Stadtkerne des Elsaß versäumt. Am besten versucht man außerhalb des Zentrums einen Parkplatz zu finden und durchstreift dann zu Fuß das Straßen- und Gassengewirr zwischen Marktplatz und Place d'Etoile.

Anders als viele Orte im Elsaß ist Obernai nicht nur von Zerstörungen durch die großen Kriege verschont geblieben, sondern auch von Großbränden, wie sie im Mittelalter in fast regelmäßiger Folge zu verzeichnen waren. Hier erwartet die Besucher ein noch weitgehend unversehrtes Stadtbild, das in seiner Geschlossenheit wie seiner Vielfalt (kein Haus in der Altstadt von Obernai sieht wie das andere aus) seinesgleichen sucht.

Am Marktplatz steht auch das 1554 errichtete und mittlerweile – was denn sonst? – zum Restaurant umfunktionierte Kornhaus (*La Halle aux Blés*). Auch hier herrscht lebhafter Betrieb; trotzdem wird keine Massenkost serviert, sondern die bodenständige Variante der elsässischen Küche vorzüglich gepflegt. Einheimische empfehlen den Preßkopf; aber auch den Reh- oder Wildhasenpfeffer sollte man probieren, falls sie auf der Karte stehen. Abends gibt's Flammkuchen vom Holzofen, wozu sich am besten ein frischer Sylvaner oder Riesling trinkt, am besten aus der lokalen Produktion (zum Beispiel des Familienbetriebs Seilly).

An dieser Stelle endlich ein paar Worte zum elsässischen Wein als solchen. Dessen Bedeutung, das vorweg, wird zumal in Deutschland gern quantitativ wie qualitativ überschätzt: Das Elsaß ist mit gerade mal 1,6 Prozent an der Weinproduktion des gesamten Frankreich beteiligt, und professionellen Weinkennern gelten die elsässischen Weißweine mit ganz wenigen Ausnahmen entweder als zu schwer für zeitgenössische Ansprüche oder gar als völlig belanglos. Dennoch und andererseits: Im Elsaß zu leben oder das Elsaß auch nur zu bereisen, ohne von seinem Wein etwas wissen zu wollen, wäre auch keine Lösung. Weswegen es nicht schaden kann, wenigstens die wichtigsten Rebsorten voneinander unterscheiden zu können – und das nach Möglichkeit nicht bloß theoretisch.

Um »unten«, also bei den einfacheren Sorten, anzufangen: Dem leichten Chasselas (er entspricht ungefähr dem im benachbarten Baden ausgeschenkten Gutedel) begegnet man in feineren Restaurants eher selten. Die Elsässer selbst mögen seinen meist erdigen Geschmack trotzdem, egal ob er in einfachen Weinstuben oder daheim am Familientisch ausgeschenkt wird.

Der Sylvaner, ein frischer, oft spritziger Wein, verliert immer mehr an Beliebtheit. Und das ist schade; denn zumindest jung und kühl getrunken, kann ein guter Sylvaner eine vorzügliche Begleitung vor allem für leichte Mahlzeiten sein.

Vorsicht ist beim Zwicker geboten, auch wenn der unter der vornehmeren Bezeichnung Edelzwicker daherkommt. Seine Beliebtheit verdankt dieser Wein vor allem ausländischen Käufern und Bestellern, die nicht wissen, daß Zwicker schlicht das elsässische Wort für Verschnitt ist. Zusammengemischt werden dabei Sylvaner auf der einen und Riesling, Pinot oder Traminer auf der anderen Seite. Was dabei entsteht, muß nicht immer schlecht sein; doch jedenfalls ist es vom geschmacklichen Ergebnis her höchst unterschiedlich. Wer sich also mit größeren Mengen des preisgünstigen Edelzwickers einzudecken beabsichtigt, sollte sich vorher besonders viel Zeit zum Kosten nehmen.

Der Pinot Blanc, im Elsaß heißt er oft noch Clevner, ist ein harmonischer, gehaltvoller und – in den besseren Fällen – elegant gerundeter Wein. Er ist bekömmlich und immer stärker im Kommen.

Der Pinot Gris (Grauclevner) entspricht dem badischen Grauburgunder. Dieser körperreiche und kräftige Wein wurde vor mehr als 300 Jahren aus Ungarn ins Elsaß importiert, worauf sein dritter Name hinweist: Tokai d'Alsace.

Gleichfalls zur Pinot-Familie gehört der Pinot Noir: ein fruchtiger, dabei sehr trockener Roséwein, der in den letzten Jahren immer mehr Anhänger gefunden hat. Und abgesehen davon, daß die weitverbreitete Abneigung gegen Roséweine (»nichts Halbes und nichts Ganzes«) schlicht auf einem pseudokennerhaften Vorurteil beruht: die dunkleren Varianten des Pinot Noir sehen einem Rotwein verblüffend ähnlich. Mit den wenigen echten, eher herben Elsässer Rotweinen (wie dem Rouge d'Ottrott) lassen sie sich vom Geschmack her aber nicht vergleichen.

Als König der Elsässer Weine gilt nach wie vor (und immer noch zu Recht) der Riesling. Der Riesling schmeckt oft weniger trocken als er ist; das liegt an seinem kräftigen Bukett und an seinem Körperreichtum. Trotzdem zeichnen sich gute Rieslingweine nicht selten auch durch ihre Feinheit, manchmal sogar durch ihre außergewöhnliche Eleganz aus. Das alles bedeutet: Einen Riesling – vorausgesetzt, man findet den jeweils richtigen heraus – kann man zu ganz verschiedenen Anlässen trinken: als Aperitif wie als Begleitgetränk zu zahlreichen Vorspeisen wie zu Fisch- und zu leichteren Fleischgerichten. Um hinter die vielen Geheimnisse des Rieslings zu kommen, empfiehlt sich dabei dreierlei: Probieren, probieren und probieren.

Kaum je außerhalb des Elsaß erhältlich ist der Muscat d'Alsace: ein starker Wein mit teils fruchtigem, teils würzigem, aber fast immer hocharomatischen Bukett. Er kann durchaus anspruchsvolle Gaumen glücklich machen, eignet sich aber, eben wegen seines intensiven Geschmacks, nur selten zum Tischwein. Dagegen macht er sich, zumal in seinen frischeren Varianten, ausgezeichnet als Aperitif.

Hervorragend zu schwereren Vor- und Nachspeisen, beispielsweise zur Gänseleberpastete oder zu einem Stück vom reifen Munsterkäse, paßt der vollmundige und (wie der Name verspricht) sehr aromareiche Gewürztraminer.

Bleibt der Crémant d'Alsace zu erwähnen: ein von Natur aus perlender Weißwein (aber kein Schaumwein). Den hier meist aus Pinot-Blanc-Trauben gewonnenen Crémant verwenden die Elsässer gerne anstelle von Champagner zur Herstellung von Kir Royal.

Es versteht sich von selbst, daß mittlerweile überall im Elsaß Weinkenner-Seminare (häufig im Rahmen von Pauschal-Arrangements) angeboten werden. Was (nicht nur im Elsaß) dabei gern übersehen wird: Solche Seminare zeitigen das gewünschte Ergebnis, nämlich vermehrte Vertrautheit mit den jeweils behandelten Weinsorten, fast immer nur bei Teilnehmern, die schon vorher einiges vom Wein verstanden. Und denen, die das tun, gelingt das elsässische Update ihrer Geschmacksnerven in der Regel auch ohne diese Art von Nachhilfe.

Eine andere, und zwar eine mit großer Wahrscheinlichkeit wirksame Art, die Weine des Elsaß schätzen zu lernen, ist die eigenhändige Teilnahme bei der Weinlese, gegen Kost, Logis und manchmal ein kleines zusätzliches Taschengeld. Einschlägige Winzeradressen vermittelt das Comité Interprofessionnel du Vin d'Alsace (Place du Lattre, F-68000 Colmar). Aber Vorsicht: Weinlese ist eine anstrengende Arbeit. Wer sie einmal mitgemacht hat, spürt das unausbleibliche *mal aux reins* (Rückenschmerzen) oft noch Wochen danach.

Übrigens vermarkten viele Elsässer Winzerbetriebe ihre Weine bis heute noch selbst; auf den Flaschen steht dann die Bezeichnung »Propriétaire-Viticulteur«, manchmal auch »Viticulteur Récoltant«. Einer dieser Betriebe, und ein besonders angesehener, ist die Firma Schaetzel. Deren Stammhaus steht im kleinen Winzerdorf Boersch, in dem es (weil der »offizielle« Verlauf der *route du vin* zugunsten von Obernai einen Bogen um Boersch schlägt) sehr viel ruhiger zugeht als in vielen vergleichbaren Orten an der Weinstraße. Auf dem Marktplatz von Boersch steht der vielleicht schönste der vielen elsässischen Sechseimerbrunnen: Das sind aufwendig gebaute und konstruierte steinerne Brunnen, über deren Becken sich ein meist auf drei Säulen gestützter Baldachin erhebt. Die sechs Eimer, die diesen Brunnen ihre Namen gaben, hängen an eisernen Rädern über dem Brunnenschacht.

Boersch hat drei guterhaltene mittelalterliche Stadttore. Wer durch das schönste von ihnen, das Obertor, die Stadt verläßt, gelangt von hier aus schnell zur alten

Benediktinerabtei St-Léonard. Zu Beginn des 20. Jahrhunderts hat sich hier eine kleine Kolonie von Künstlern und Kunsthandwerkern gebildet. Die Tradition wird bis heute fortgeführt, unter anderen durch den Intarsienspezialisten Jean-Charles Spindler, dessen vor allem aus Holz gefertigte Einlegearbeiten von Sammlern aus aller Welt geschätzt werden. Er könne, sagt der 55jährige, sich keinen besseren Ort zum Arbeiten vorstellen. Und das glaubt man ihm sofort, wenn man sein in einem Anbau der Abtei liegendes Atelier besucht.

Die »Marqueterie Spindler« ist dabei zugleich Geheimtip und Paradebeispiel für erfolgreich gepflegten elsässischen Traditionalismus: Jean-Charles übt sein Handwerk bereits in der dritten Generation aus; sein Großvater Charles Spindler, der berühmt wurde für seine kunstreich eingelegten Landschaftsbilder, gehörte zu den Gründungsmitgliedern der Kolonie. Der Enkel ist darauf sichtlich stolz – auch wenn er sich längst von den am Darstellerischen orientierten Stil seines Ahnherrn gelöst hat. Er spezialisiert sich auf abstrakte Triptycha – Kunsthandwerk auch das, aber doch mit einer reizvollen Spannung zwischen Kunst und Handwerk.

Es muß an der Nachbarschaft des sagenumwobenen Mont Saint-Odile (siehe 11. Kapitel) liegen, daß die eigenwilligen Traditionalisten in dieser Gegend so gut gedeihen. Ein anderes Exemplar der Gattung, der Straßburger Rechtsanwalt Louis Felix Marco, hat seine Spuren in Barr hinterlassen, dem nächsten prominenten Ort auf der *route du vin*. Bereits im 18. Jahrhundert trug Marco in seiner Villa massenweise Belegstücke alter elsässischer Wohnkultur zusammen: Möbel aller Art, Tassen und Teller (hergestellt zum Beispiel von der Straßburger Hannong-Manufaktur), Zinngeschirr, Fayencen, Werk- und Spielzeug, jede Menge Nippesfiguren sowie – Marcos besondere Leidenschaft – Holzmodelle alter elsässischer Schlitten.

Seinen wackeren Mitbewohnern muß Marcos Sammeltrieb reichlich sonderbar vorgekommen sein. Den »verrückten Marco« nannten sie ihn deswegen – und als Marcosche Verrücktheit ist die zum Museum umfunktionierte Villa bis heute benannt: Musée de la Folie Marco. Als extravagant erscheint einem noch heute die Tatsache, daß sich der Anwalt im Park seiner Villa einen (ebenfalls noch bestehenden und kultivierten) Weinberg hielt, den Clos de la Folie Marco: der einzige Weinberg an der Weinstraße (und im ganzen Elsaß), der sich innerhalb eines bebauten Stadtgebietes befindet.

Am übrigen Boersch braust der Weinstraßenverkehr zwar nicht vorbei, aber immerhin: er braust hindurch, ohne die hübsch verschlafene Idylle dieses charmanten Winzerdorfs allzusehr zu beschädigen. Der nächste Pflichtstop auf der *route du vin* ist dann Andlau, wo man die älteste erhaltene Abteikirche des Elsaß (Sts-Pierre-et-Paul) anschauen könnte, wäre sie nicht im frühen 18. Jahrhundert komplett umgebaut worden.

Zu sehen ist also nichts mehr, besichtigt wird trotzdem, was das Zeug hält – schon weil die Reise- und Fremdenführer dabei die eindrucksvolle Geschichte von Richardis, der vormaligen Ehefrau Karls des Dikken, erzählen können. Vormalig nicht etwa, weil Richardis vor ungefähr 1130 Jahren verstarb, sondern weil der dicke Karl (der zum letzten Mal das gesamte von seinem Großvater Karl dem Großen gegründete »deutsch-französische« Reich regieren durfte) eines Tages von Richardis genug hatte und sie in die wilden elsässischen Wälder verbannte. Dort traf die Ärmste dann eine gütige Bärin, die sie auf einen schön gelegenen und leicht zu verteidigenden Platz im Andlautal aufmerksam machte, der darauf zur Gründungsstätte der Abtei und späteren Stadt Andlau wurde.

Wer's nicht glaubt, zahlt eine Runde Schnaps, am besten original elsässischen Marc de Gewurztraminer. Den kauft man in besonders guter Qualität bei der *Distillerie Massenez* in Dieffenbach, einem 15 Kilometer westlich von Andlau gelegenen Winzerdorf. Die unmittelbare Fortsetzung der Weinstraße führt allerdings weiter nach Süden, über Dambach (dessen raffinierte Fach- und Bundwerkbauten bis heute Holzarchitekten aus aller Welt inspirieren), Scherwiler und Kintzheim nach St. Hippolyte. Die Hauptattraktion der beiden letztgenannten Orte (außer zahlreichen Weinstuben und Edelrestaurants wie dem *Ducs de Lorraine* in St. Hippolyte) ist die über ihnen liegende Hohkönigsburg – aber auf der waren wir ja schon im zweiten Kapitel.

Spätestens von St. Hippolyte an geht es auf der ohnehin gut frequentierten Weinstraße noch ein gutes Stück enger zu. Das liegt daran, daß die einen diese Straße (so wie wir hier) von Norden nach Süden befahren, während die anderen in umgekehrter Richtung unterwegs sind. Unterhalb der Hohkönigsburg prallen die beiden Verkehrsströme aufeinander, was gar nichts ausmachen würde, wenn sie nämlich aneinander vorbeiführen. Das aber tun sie nicht, einfach deswegen, weil entweder ihre Zeit (bis hierher kommen durchschnittliche Weinstraßenbefahrer von Straßburg wie von Colmar aus jeweils in sechs bis acht Stunden) oder ihre Geduld erschöpft sind. Also kehren sie hier um, und verkeilen sich dabei gern ein wenig ineinander.

Wir aber lösen uns aus dem Keil und fahren weiter nach Ribeauvillé. Dort pfeifen wir auf alle Sehenswürdigkeiten, schon weil es dort gar nicht so viele gibt. Das Sehenswerteste an der Stadt ist ihre allerdings hochromantische Umgebung: Gleich drei Burgen, auf drei dunkel bewaldeten Hügeln, umstehen die Stadt. Übrigens, à propos Pfeifen: Im Mittelalter übte die Stadt die Gerichtsbarkeit und die Steuerhoheit über sämtliche Gaukler und fahrenden Spielleute (pauschal die »Pfeifer« genannt) aus, die durch die Regionen zu beiden Seiten des Oberrheins, also durchs heutige Dreyeckland zogen. Auf so eine Idee können natürlich nur Deutsche kommen – und was für Deutsche: Die zu Ribeauvillé (damals Rappoltsweiler) regierenden

Grafen von Rappoltstein, die sich das Gaukler-Ausbeutungsprivileg von Kaiser Friedrich III. gewähren ließen, waren sowohl mit den preußischen Hohenzollern wie mit den bayerischen Habsburgern verwandt.

Die heutigen Einwohner von Ribeauvillé aber wären keine richtigen Elsässer, wenn sie die ganze Sache nicht zum Anlaß für ein städtisches Volksfest genommen hätten: Der Pfifferdaj findet alljährlich vom 8. bis zum 11. September statt, selbstverständlich nicht anstelle des obligatorischen Weinfests, sondern zusätzlich. Das Weinfest wird Mitte Juli gefeiert, und damit es den Einwohnern und den Touristen davor nicht langweilig wird, gibt's Anfang Juni noch ein Kougelhopffest. Was der Stadt fehlt, ist ein Wasserfest; dabei hätte sie genug Grund, eines zu veranstalten: Mitten in der Stadt sprudelt die Quelle für das in elsässischen, aber auch in anderen französischen Supermärkten verbreitete Mineralwasser »Carola«; die Firma ist einer der wichtigsten Arbeitgeber der Gemeinde.

Bevor wir die Fahrt entlang der *route du vin* in Colmar unterbrechen, gibt es noch zwei Pflichtstationen zu absolvieren. Die erste davon allerdings vor allem der Abschreckung halber: Riquewihr schlägt, was das Verhältnis Touristenmasse pro Quadratmeter im Jahresmittel betrifft, mit unerbittlicher Regelmäßigkeit alle Weinstraßenrekorde. Die Menschenströme, die hier tagaus, tagein durch die ohne Zweifel pittoresken Straßen des Orts quellen, haben das alte Winzerdorf komplett in ein Freilichtmuseum verwandelt. Zwar leben auch hier noch echte Menschen, und sie leben außer vom Fremdenverkehr auch vom echten Weinbau. Doch die hübschen Fachwerkhäuser, in denen sie wohnen, wirken angesichts des hektischen Betriebs wie Operettenkulissen.

Wer das Elsaß ausschließlich in guter Erinnerung behalten will, macht um diesen Zirkus am besten einen weiten Bogen. Oder aber er kommt spätabends hierher. Dann wirkt das Zentrum von Riquewihr, nun wegen der fast unnatürlichen Leere der Straßen, zwar erst recht wie eine Kulisse. Doch in deren Mitte winkt das Hotel Schoenenbourg, in dem François Kiener seine weitgerühmte Sternenküche zelebriert.

Noch etwas besser (nach unserer Meinung) und gemütlicher aufgehoben sind Schlemmer im Kaysersberger Restaurant *Chambard*. Dort schwingen Marinette und Pierre Irrmann die Kochlöffel, von denen (von den Irrmanns, nicht von den Kochlöffeln) die Kenner behaupten, sie würden die beste Mousse au Chocolat der Welt herstellen. Schande über uns, daß wir's nicht nachgeprüft haben – wir kapitulierten schon vorher, nachdem uns das vorzügliche, aber alle zeitgenössischen Maßhalteappelle außer Acht lassende *trio des halles* (Rind- und Lammfilets plus Kalbsniere an verschiedenen Saucen) an die Grenzen unserer Kapazität gebracht hatte. Zum Trost: Selbstverständlich sorgen die Irrmanns auch für Gäste, die sich eher zu den Regeln der Nouvelle Cuisine bekennen – und sei es nur, um sich anschließend besseren Gewissens auf die Mousse au Chocolat zu stürzen…

Im übrigen ist Kaysersberg auch jenseits aller Wein- und Tafelfreuden durchaus einen Besuch wert. Sehenswerter als die Burg, die die meisten Touristen zielbewußt ansteuern, ist dabei die Pfarrkirche Sainte-Croix mit ihrem schönen romanischen Westportal; der von Meister Hans Bongartz aus dem nahen Colmar 1518 gefertigte Hochaltar, auf dem unter anderem Szenen aus der Passionsgeschichte in drastischer Lebendigkeit dargestellt sind, ist der einzig erhaltene Schnitzaltar im ganzen Elsaß.

Natürlich hat auch der in Kaysersberg geborene Albert Schweitzer hier Orgel gespielt; vor allem über Schweitzers andere und mittlerweile berühmtere Karriere als Arzt und Krankenhausgründer im afrikanischen Lambarene informiert das Musée du Docteur Schweitzer, das am schönsten Platz von Kaysersberg steht: am *pont fortifié*, von dem aus man über das Flüßchen Weiss hinweg einen wunderbaren Blick auf das gegenüberliegende Fachwerkensemble hat.

Zu (vorläufig) guter Letzt: Falls jemand allen Ernstes Kinder auf seiner Weinstraßentour mit sich führt, kann er sie für die Tortur auf der Fahrt von Riquewihr nach Kaysersberg durch einen Abstecher zur *Ferme Hirondelle* (in Richtung Guemar) wenigstens teilweise entschädigen. Diese *ferme* ist nur nebenbei ein Gasthof, in erster Linie aber eine Mischung aus Landgut, Spielplatz (auch für Erwachsene!) und Themenpark. Ihre

Hauptattraktion beruht auf einer Idee, die so simpel und zugleich so pfiffig ist, daß man sich fragt, wieso das bisher noch niemand eingefallen ist: Ein riesiges Maisfeld wird alljährlich, sobald der Mais hoch genug steht, in ein Labyrinth verwandelt. Und die Betreiber der *ferme*, Isabelle de Beaufort und Bernard Ramus, fragen in doppelsinniger Unschuld: »Was gibt es Schöneres zu lernen als die Kunst, sich zu verlieren?«

14. Cora, Colmar und um Colmar herum

Ja, Sie haben richtig gelesen. Bevor wir in die Stadt Colmar hineinfahren, besuchen wir erst einmal Cora. Cora geht ihrem Gewerbe in Colmars nördlichen Außenbezirk nach, genauer: an der Route Nationale 83, die von Straßburg schnurstracks nach Colmar führt, unter schnöder Außerachtlassung sämtlicher Weindörfer. Wer, wie wir, von Kaysersberg nach Colmar fahren und dabei vorher noch bei Cora vorbeischauen möchte, muß also einen kleinen Umweg machen. Fährt also nicht auf der N 415 über die ehemalige deutsche Reichsstadt Ammerschwihr, von der der Zweite Weltkrieg nur sehr wenig übrigließ, nach Colmar, sondern erst einmal ein Dutzend Kilometer ostwärts, um so bei Bennwihr auf die N 84 – und unmittelbar darauf zu Cora – zu gelangen.

Dabei stellt sich, kurz nach Kaysersberg, das Städtchen Kientzheim in den Weg. Das kann man rechts umfahren, sollte es aber nicht; denn Kientzheim bietet eine von den immer rarer werdenden Gelegenheiten, das Elsaß ohne allen touristischen Zierat und gerade deswegen von einer höchst angenehmen Seite kennenzulernen: lockere Kleinstadtatmosphäre, ohne die Grau-in-Grau-Atmosphäre, die viele französische, und ohne die muffige Enge, die viele deutsche Orte in vergleichbarer Größe ausstrahlen. Die Ärztin Monique Chapeau, nebenbei gesagt auch eine Kundin von Cora (die Spannung steigt!), weiß schon, warum sie in Colmar arbeitet, auch gerne in Colmar ausgeht, aber in Kientzheim wohnt: »Es ist kein bissel hektisch hier. Und es ist schön hier, nicht so niedlich wie in Colmar, aber eben auch schön.«

Spaziert man an der wuchtig-ungefügen Stadtmauer entlang, inspiziert dabei die gepflegten Gemüsegärten im alten Wehrgraben und schlendert anschließend ins Ortszentrum, versteht man, was Monique meint: Kientzheim ist ein Fall für Liebe auf den zweiten Blick. Hier gibt es keine herausgeputzten Fachwerkzeilen, sondern ein freundliches Mit- und Durcheinander verschiedener Epochen und Baustile. Und daß hier gleich drei Stadtschlösser auf engem Raum beieinander stehen, bemerkt man erst bei ganz genauem Hinsehen – oder eben, wenn einen eine Lokalpatriotin wie Monique darauf hinweist.

Trotz allem, uns zieht es jetzt zu Cora und nach

Colmar. Auch dafür hat Monique Verständnis: »Das ist noch ein Vorteil von Kientzheim. Wenn ich am Wochenende zum Wandern gehe in die Vogesen, oder nach Straßburg fahren will oder nach Freiburg hinüber, bin ich ganz schnell draußen aus der Stadt – und am Abend schnell wieder zurück: keine Staus, und nur wenige Ampeln.« Statt mit Hilfe solch zeitgemäßer Verkehrshindernisse schützen die Kientzheimer ihre kleine Stadt mit Abschreckungsgesten anderer Art. An dem einen der beiden Stadttore, dem Untertor, grinst dem Ankömmling höhnisch der »Lalli« entgegen: eine auf die Mauer aufgemalte riesige Fratze. Aus deren Mund hängt eine blecherne Zunge, die von den Einwohnern hin- und herbewegt wurde, um so allfällige Belagerer zu verspotten.

Noch fürchterlicher ist das Obertor bestückt: Vor ihm steht ein echter Panzer, mit ostwärts (also Richtung Deutschland) gerichtetem Geschützrohr. Das sei aber nicht bös gemeint, erklärt Monique – nur ein *monument*, als Mahnung an den Zweiten Weltkrieg. Trotzdem: Uns gegenüber ist Monique die Sache doch ein bißchen peinlich. Den Panzer abzumontieren, oder sein Rohr woandershin zu richten, das fände sie allerdings auch wieder blöd, und wahrscheinlich obendrein (obwohl sie das nicht sagt) allzu kriecherisch gegenüber den deutschen Nachbarn. So gesehen kann man den Panzer vor dem Kientzheimer Obertor auch als ein Symbol ganz anderer Art auffassen. Müßten wir jemand das schwierige Verhältnis zwischen

Elsässern und Deutschen erklären, würden wir versuchen, ihm das Verhältnis zwischen Monique und dem Panzer zu erklären.

Nun aber wirklich schnell zu Cora, schon deswegen, weil die Liebe, nun ja, Liebe, sagen wir besser: weil die Neigung zu Cora ganz bestimmt etwas ist, das Deutsche, Elsässer und andere Franzosen aufs innigste vereint. Ja, auch Italienern, Amerikanern und sogar Japanern sind wir schon bei ihr begegnet, bei Cora, die tagaus, tagein an der Route Nationale 83 auf alle wartet und jeden, woher er auch kommt, gleich gut bedient. In gewissem Sinn kann man die völkerverbindende Cora nicht nur als Hauptattraktion von Colmar betrachten, sondern sogar als das wahre Wahrzeichen der Stadt. Denn Cora ist – was hätten Sie denn gedacht? – der Lieblings-Supermarkt nicht nur der Colmarer, sondern auch sehr vieler Colmar-Touristen. Wobei der Begriff Supermarkt Coras Charakter längst nicht so gut trifft wie ihre französische Originalbezeichnung: *Hypermarché!*

Zugegeben, eine genuin elsässische Erfindung ist Cora nicht wirklich, nicht einmal eine französische. Die nicht nur in Frankreich, sondern auch in den Beneluxstaaten und in nach der Osterweiterung zur EU drängenden Ländern wie Ungarn und Rumänien operierende Großmarktkette Cora gehört (neben anderen, sehr viel kleineren Ketten wie Match, Resto Time oder Truffaut) zur Groupe Louis Delhaize, und die wiederum hat ihren Sitz in Belgien. Was, nebenbei gesagt, das französische Cora-Kundenmagazin »Cora et moi« nicht daran hindert, seine Leser bei deren mit Recht vermutetem Nationalstolz zu packen – mit der Nachricht, Cora unterhalte auch *à l'étranger*, also im Ausland, eine Reihe von Filialen, darunter sogar einige in Belgien …

Mit dem Elsaß hat Cora also zunächst deshalb zu tun, weil sich auch an Geschichten wie der von der Expansion der Groupe Louis Delhaize (auch G.O.L.D. genannt, nach ihrer englischen Bezeichnung Group of Louis Delhaize) sehr konkret nachvollziehen läßt, wie schwierig alles Streben nach regionaler Autonomie und Erhaltung lebenskultureller Traditionen werden muß, wenn die real existierende Lebens-, nämlich die Alltagskultur, durch eine globalisierende Ökonomie immer weiter ausgehöhlt wird.

Weniger theoretisch ausgedrückt: Wer in der Innenstadt von Colmar einkaufen geht, sei es als Tourist oder als hier Ansässiger, findet dort zahlreiche kleine Boutiquen (neben den Filialen internationaler Modeketten), eine Reihe von netten kleinen Juwelierläden, zwei edle Papeterien (neben der Filiale der französischen Kette FNAC), drei Dutzend anspruchsvoller Wein- und Spirituosenhandlungen und eine Menge teurer Feinkostgeschäfte. Aber all das, was es hier zu kaufen gibt, prägt eben nicht oder nur noch zum kleinen Teil das Alltagsleben der Colmarer. Die Lebensmittel, von denen sich nicht nur die Leute aus Colmar, sondern auch die der umliegenden Weindörfer und Kleinstädte ernähren, das Geschirr, das sie dabei benutzen, die Kleidung, die sie tragen, das Spielzeug für ihre Kinder, die Möbel, Teppiche und die Vorhänge, mit denen sie ihre Wohnungen ausstaffieren: das wird bei Cora gekauft, oder in einem der anderen Einkaufsmärkte draußen vor den Städten.

Das alles ist natürlich nicht nur im Elsaß gang und gäbe, sondern mittlerweile fast überall in Europa. So wird es immer schwerer, den Reiz des Fremden als den eigentlichen Reiz des Reisens zu entdecken und zu spüren, auch und gerade in Regionen, die so sehr mit dem Image ihrer kulturellen Eigenständigkeit werben wie das Elsaß. Eben in dem Maß, in dem die Werbebotschaften der Tourismusindustrie dazu neigen, landestypische Traditionen nur noch als Behauptung, als Folklore also, vorzuführen, steigt die Frustrationsquote des Reisenden.

Soweit die schlechte Nachricht. Die gute ist: Es gibt womöglich doch einen Ausweg, und der ist auch hier im Elsaß, sobald man sich nicht von den Folkloreverheißungen der Fremdenverkehrsmanager einlullen läßt, gar nicht so schwer zu finden. Man muß sich, da hilft alles nichts, an den tatsächlichen Alltag der Region halten. Nicht an deren behauptetes Leben also, sondern ans wirkliche – mag das auch noch so sehr von Europäisierung oder gar Globalisierung beeinflußt sein.

Gewiß, es gab im alten Elsaß (aber auch der Verfasser dieses Buches weiß das im wesentlichen nur von seiner elsässischen Großmutter) noch kleine Gemischtwarenhandlungen, in denen es ganz anders aussah und ganz anders roch als in vergleichbaren deutschen Tante-Emma-Läden. Nur bitte, wo gibt es in Deutschland heute noch echte Tante-Emma-Läden? Die Deutschen, auch wenn sie in einer so auf ihre Originalität bedachten Region wie Oberbayern leben, kaufen in Supermärkten und Einkaufszentren ein; genauso wie die Franzosen, selbst wenn sie in einer so auf ihre Originalität bedachten Region wie dem Elsaß leben, in Supermärkten und Einkaufszentren einkaufen. Richtiges Reisen, so der einzig vernünftige Schluß aus dieser Erkenntnis, läuft darauf hinaus, dem Reiz des Fremden da nachzuspüren, wo er sich allein noch verborgen halten kann – also zum Beispiel im Unterschied zwischen deutschen und elsässischen Supermärkten.

Und diesen Unterschied gibt es tatsächlich. Weil das Sein, in diesem Punkt ganz besonders, das Bewußtsein bestimmt, weiß darüber niemand besser Bescheid als eben diejenigen, die besonders oft im Elsaß unterwegs sind: die deutschen und die Schweizer Mitbewohner des Dreyecklandes am Oberrhein. Auch unsere Freunde aus Freiburg und Basel fahren gern für eine Wanderung in den Vogesen, einen Weinstubenbesuch oder ein Abendessen in einem elsässischen Sternerestaurant über die Grenze; doch über nichts diskutieren sie so lang und leidenschaftlich wie über die Frage, welchem der (meist erfreulich grenznah gelegenen) elsässischen Einkaufszentren der Vorzug zu geben sei. Die Tendenz hat sich in den letzten Jahren eindeutig verfestigt: The winner is Cora – und zwar, deshalb mußten wir just in diesem Kapitel so grundsätzlich werden, die Cora-Filiale an der Route Nationale 83 vor den Toren Colmars.

Alles Einbildung? Man kennt das doch von sich zu Hause: Ist nicht einer dieser Kettenläden wie der andere? Nein, ist er nicht. Anders als nahezu alle in Deutschland agierenden Großmarktketten, anders auch als nationale Konkurrenten wie etwa die (im Elsaß gleichfalls vielvertretenen) Carrefour-Märkte macht die Dachorganisation von Cora ihren Filialen nur einige finanzielle und administrative Vorgaben, läßt ihnen aber bei der Gestaltung ihrer Einkaufspaläste wie bei ihrer Sortimentpolitik weitgehend freie Hand. Man kann sagen: Wäre die EU in dieser Hinsicht so gescheit wie die Cora-Gruppe, wäre das vielbeschworene »Europa der Regionen« mehr als nur eine abgenutzte Beschwichtigungsformel der europäischen Politiker.

Wer im Elsaß nach verborgenen Idyllen sucht, ist bei der Colmarer Cora zugegebenermaßen am falschen Platz. Hier hält der Name *hypermarché*, was er verspricht: Es gibt eine Hyper-Parkfläche mit 2300 Stellplätzen, daran angeschlossen eine rund um die Uhr geöffnete Großtankstelle; das Sortiment wird auf 15 000 Quadratmetern in vorbildlich, ja geradezu adrett eingeräumten Regalen sowie an opulenten und picobello gepflegten Frischobst-, Frischgemüse-, Frischkäse-, Frischfleisch- und Frischfischständen präsentiert (haben wir was vergessen? o ja: die vielen frisch zubereiteten Salate und Saucen), und bezahlt wird zum Schluß an nicht weniger als 55 Kassen, die in der Regel auch tatsächlich alle besetzt sind. Wer danach noch ein paar Finger frei hat, um weitere Einkaufstüten daran aufzuhängen, kann sich zusätzlich in den 30 Läden des mit edlem Holzboden ausgelegten Boutiquenbereichs umschauen.

Natürlich ist das Ganze letzten Endes nur eine riesige Konsummaschine – aber immerhin eine, das muß der deutsche Neid (der bei sich nichts Vergleichbares findet) ihr lassen, die sich bestens darauf versteht, unsereinen mit einer Mischung aus Opulenz und Eleganz zu verführen. So sehr kann einen Coras Glanz blenden, das man darüber fast die entscheidende Frage vergißt: Was genau sollte man als fremder Kunde denn bei Cora kaufen? Was man kaufen *könnte*, ist schnell klar: Lebensmittel und Getränke aller Art, Zeitschriften, Schreibwaren, Haushaltsartikel und so fort, also ungefähr das, was man bei sich zu Hause, wenngleich in einem weniger toll durchgestylten Supermarkt, auch kaufen kann. Mehr noch: Der deutsche Kunde wird verblüfft feststellen, daß sich auch eine Reihe von Markennamen, die er für urdeutsch gehalten hat, wir sagen nur: Knorrsuppen und Müllermilch, auch in elsässischen, also französischen Regalen wiederfindet. (Während er sich, solche Haken schlagend setzt sich die Globalisierung in unseren Köpfen durch, noch nie über Barilla-Nudeln und Bonduelle-Erbsen in deutschen Supermärkten gewundert hat.)

Doch natürlich heißen viele Produkte hier anders, und vor allem: Sie sehen anders aus. Weil anders von auswärtigen Cora-Kunden nicht selten auch als schöner empfunden wird, decken sie sich hier gerne mit allerlei »exotisch« gestalteten Konserven, Gläsern, Karton- und Kunststoffpackungen ein, auch wenn die nichts enthalten, was sie nicht auch bei sich um die Ecke erwerben könnten: der Reiz des Fremden als Kaufreiz. Nur leider, dieser Reiz ist nach dem Kaufvorgang meist schnell verflogen. Kühlere Köpfe halten sich deswegen an etwas Handfesteres; sie vergleichen die Preise – und machen dabei schnell die betrübliche Feststellung, daß vor allem Lebensmittel in Frankreich kaum billiger, ja manchmal noch deutlich teurer sind als in Deutschland. Worauf sie (und wir mit ihnen, ehrlich gesagt) nachdenklich auf die Käuferscharen in den stets überfüllten Cora-Hallen sehen und sich fragen, wie die Leute sich das alles eigentlich leisten können.

Noch einmal also die Frage: Was sollte man hier kaufen? Na, ganz einfach: einheimische Spezialitäten – Globalisierung hin, Großmarktkette her! Zum Beispiel also, wozu sind wir im Elsaß, elsässischen Wein. Wie bitte? Wein im Supermarkt kaufen? Aber ja. Natürlich kommt es einem viel authentischer vor, Wein in einem der vielen Dörfer entlang der Weinstraße zu erstehen, am besten direkt bei einem der Erzeuger, die dem Kunden – wie das bei diesen Gelegenheiten der Brauch ist – vorher noch die Gelegenheit zur persönlichen Kostprobe geben. Nur, wer diese Gelegenheit zu etwas anderem benützt als einmal in romantischer Kellerumgebung auf Kosten des Gastgebers einen zu heben, ist selbst schuld.

Ernsthafte Weinproben sind etwas für Fachleute, für professionelle Sommeliers zum Beispiel, für Foodjournalisten oder für Weiterverkäufer – also in der Regel nicht für unsereinen, der mit großer Sicherheit von dem gleichen Wein daheim schwer enttäuscht werden wird, der ihm bei der Probe so wunderbar »typisch« geschmeckt hat und von dem er leicht angeduselt dann gleich ein paar Kisten zum »günstigen Erzeugerpreis« in den Kofferraum geladen hat.

Richtig ist, daß man die Flasche Wein beim Erzeuger oder bei den lokalen Winzergenossenschaften tatsächlich deutlich billiger bekommt als in einer der vielen Weinhandlungen und Vinotheken, die dafür ihrerseits die größere Auswahl bieten. Andererseits müssen diese kleinen Verkäufer, anders könnten sie nicht überleben, deutlich höhere Preise als die Großmärkte berechnen.

Es gibt also nur zwei vernünftige Gründe, bei den Einzelhändlern zu kaufen: Entweder man kann es sich leisten, eine Art privates Sponsoring zugunsten der Aufrechterhaltung von Tradition und Artenvielfalt zu betreiben, oder aber man ist auf der Suche nach einem ganz bestimmten Wein. Das müßte dann aber schon eine ziemlich seltene Sorte sein. Die Einkäufer von Cora zumal wissen, was sie ihrem Standort schuldig sind. Und halten daher nicht nur, wie manche deutsche Kaufhausketten (wenn auch kaum deutsche Supermärkte) das auch seit einiger Zeit tun, ein sehr breites Angebot internationaler Weinsorten und -marken auf Lager, sondern sie richten ihren ganz besonderen Ehrgeiz darauf, die Palette elsässischer Weine möglichst vielfältig zu präsentieren, vom preisgünstigen Chasselas oder Edelzwicker bis hin zum teuren (aber eben im Verhältnis zum Einzelhändler etwas weniger teuren) Riesling. Man kann sich den Spaß machen und auf den Etiketten nachlesen: Es sind Dutzende von Einzelerzeugern und elsässischen Winzergenossenschaften, die die Cora-Filiale bei Colmar zu diesem Zweck beliefern. (Bei den fünf anderen elsässischen Cora-Filialen – eine davon gibt es natürlich auch in Straßburg – ist das, soweit wir das feststellen konnten, nicht anders.)

Natürlich kann man den Wein hier – abgesehen von den ziemlich häufigen Sonderverkaufsaktionen – nicht probieren. Aber das ist kein entscheidender Nachteil: Wer neugierig ist, kann die verschiedenen Sorten und Lagen ja während seines Elsaß-Aufenthalts in Weinstuben und Restaurants testen, sich dabei die Weine notieren, die ihn interessieren – und den Notizzettel dann zu Cora mitnehmen.

Und sonst? Gleich ob man Gänseleber kaufen will

(was es dabei zu beachten gibt, steht im 4. Kapitel) oder getrocknete Pilze aus den Vogesen, feine Wildpastete oder rustikale Preßkopfsülze, Munster- oder Bergkäse: Man kriegt hier alles zwar günstiger als in den Feinkostläden der Altstadt, aber mindestens in der gleichen Qualität, wenn nicht in besserer. Das gilt übrigens auch für den Fisch, die Meerestiere, das Fleisch und die anderen Sachen, die hier angeboten werden. Wer wie wir auf Reisen ist, kann damit nicht soviel anfangen; aber äußerst glaubwürdige Freunde versichern uns, daß nicht nur elsässische, sondern auch deutsche und Schweizer Spitzengastronomen sich hier mit dem Rohmaterial für ihre Küchen eindecken.

Große Einkaufsfreude bereiten einem schließlich, über die Elsässer Spezialitäten hinaus, die Kleinigkeiten, die man in Deutschland tatsächlich nicht oder nur schwer kaufen kann. Es werden immer weniger, aber es gibt sie noch. Der Autor zum Beispiel hat – nicht im Elsaß, sondern bei einem Ferienaufenthalt in der Schweiz – die entspannende Wirkung von Eisenkrauttee schätzen gelernt. Klar, der ist auch bei uns zu haben, in Apotheken oder in manchen sündteuren Reformhäusern. In Frankreich dagegen trinken die Leute das Zeug, es heißt dort *verveine*, in hellen Scharen. Und weil der Autor in letzter Zeit entschieden öfter im Elsaß war als in der Schweiz, ist der Cora-Markt bei Colmar zu seiner Hauptbezugsquelle für eisenkrautbefüllte Teebeutelchen geworden. Entdeckt hat er dort außerdem eine mit Honig aromatisierte

Sorte: Verveine / Miel, von der Firma Elephant; ihr Genuß löst nahezu unsagbare Wohlgefühle aus.

Solche Supermarktbesuche können übrigens ganz schön hungrig machen. Natürlich unterhält Cora auch ein Restaurant (und ein kleines Bistro und ein Café dazu), aber wir wollen nicht übertreiben, erstens. Und zweitens wollen wir endlich Colmar kennenlernen. Also raus hier, weg von Coras und hin zu Colmars Hyperparkplatz, der Place Rapp. Dort parken dank eines diktatorischen Parkleitsystems alle, die in die in nächster Nähe gelegene Altstadt wollen, und das zu erstaunlich moderaten Preisen: ein Euro und fünfzig Cent für jeweils vier Stunden (irgend etwas muß schließlich auch im Elsaß billiger sein).

Wir gehen, weil wir ja doch Hunger haben, von der Place Rapp noch eine Ecke geradeaus, biegen dann nach links ab und stehen nach ein paar hundert weiteren Schritten vor der Weinstube respektive *Winstub La Petite Venise*. Auch wenn uns alle Colmarer und alle Straßburger für die folgende Feststellung am liebsten erschlagen würden: Aus unserer unbefangenen Touristensicht ist *La Petite Venise* im großen oder, richtiger gesagt im kleinen und ganzen das, was *La Petite France* für Straßburg ist. Nur daß die Bezeichnung dafür – Klein-Venedig – hier in Colmar logischer ausfällt: malerische kleine Häuser, dicht ans Ufer des Flüßchens Lauch gebaut, das zwei kurze Seitenarme in die Altstadt entläßt und über das eine Reihe kleiner Brükken und Fußgängerstege führen.

Um den streng verbotenen Vergleich weiterzuführen: *La Petite Venise* in Colmar ist zwar sehr viel kleiner als *La Petite France* in Straßburg, wirkt aber auf seine Weise optisch mindestens ebenso reizvoll und gilt deswegen, wie sein Straßburger Gegenstück, gleichfalls als touristische Chef-Attraktion für Altstadt-Flaneure. Nicht nur das: Wie in Straßburgs haben sich auch in Colmars »italienischem« Viertel vor allem kleine feine Restaurants und Luxusläden in den historischen, mittlerweile sorgsam entkernten und aufwendig renovierten Fachwerkhäusern etabliert. Und das einschlägige Gerberviertel, das dort wie hier im Mittelalter den Anziehungspunkt für allerlei lichtscheues Volk bildete, ist in Colmar zwar nicht (wie in Straßburg) identisch mit Klein-Venedig; es grenzt aber, als *Quartier des Tanneurs* ebenfalls am Fluß liegend, unmittelbar daran an – und sieht dem Nachbarviertel verblüffend ähnlich.

Wir halten das Ganze für einen erfolgreichen Benennungstrick: Auf diese Weise ist es Colmar gelungen, auf einer Fläche, die kleiner ist als Straßburgs *La Petite France*, gleich zwei baedekersternreife Sightseeing-Höhepunkte unterzubringen: das *Quartier des Tanneurs* eben, und noch dazu *La Petite Venise*. Versteht sich, daß die Colmarer stolz auf diese Attraktionen sind und sich selbst fast genauso gern hier treffen wie die zahlreichen Touristen.

Gastronomen, die sich das nicht zunutze machen würden, wären schön dumm; doch fremde Gäste, die nicht mehr erwarten als gerade das – daß der Wirt sich ihre voraussehbare Anwesenheit nebst ihrem gleichfalls voraussehbaren Hunger und Durst bloß zunutze macht – wären es auch. Insofern drängt das Wirtshausschild, unter dem wir immer noch stehen, ein gewisses Mißtrauen auf: *Winstub La Petite Venise*. Daß eine Weinstube ausgerechnet an einer derart vielbesuchten Stelle der Stadt liegt, müßte sie schon verdächtig machen – wäre die Altstadt von Colmar nicht so klein und dabei überall so sehenswert, daß einem Lokal dort gar nichts übrigbleibt, als an einer vielbesuchten Stelle zu liegen. Aber muß die Weinstube dann auch noch so heißen wie der Touristenmagnet?

Nun, sie muß nicht, aber sie heißt halt so. Nicht etwa deswegen, weil sie immer schon so hieß, sondern im Gegenteil: weil es sie erst seit ganzen drei Jahren gibt, und weil ihre Inhaber, das junge Ehepaar Christelle und Arnaud Walter, noch heute stolz darauf sind, daß sie es geschafft haben, ihren Traum von einem kleinen Gasthaus genau an dieser Stelle realisiert zu haben. Leicht war das nicht. Erst mußten die beiden das wunderschöne, aber fast hoffnungslos baufällige kleine Fachwerkhaus an der Rue de la Poissonnerie in mehrjähriger Arbeit renovieren, und anschließend rangen sie mit den zuständigen Ämtern des Colmarer Magistrats noch einmal fast ein Jahr lang um die nötige Konzession.

Vor soviel strahlendem Idealismus muß man einfach kapitulieren. Und selbst über die Tatsache, daß die Walters ihre kleine Gaststube bis zum Geht-nicht-mehr mit elsässischem Nostalgie-Krempel vollgestellt und vollgehängt haben, sieht man spätestens beim ersten Glas Muscat zum Aperitif großzügig hinweg – zumal, wenn dann auch noch der erste Hunger mit einem der *comme il faut* zubereiteten (und bemerkenswert preisgünstigen) Imbißgerichte gestillt ist: Flammkuchen, Schinken im Brotteig, Entenleber, Munsterkäse-Salat mit Kartoffeln oder Fleischkierler (Fleischküchlein) mit zweierlei Senf und Meerrettich.

Verhältnismäßig jung wie die Wirtsleute sind auch viele ihrer (vor allem einheimischen) Gäste. Das ist in Colmar kein Sonderfall. Gerade beim Spaziergang durchs historische Zentrum kommt einem, nicht nur angesichts der oft noch aus dem Mittelalter stammenden Hausfassaden, die Stadt überraschend jung vor. Der Grund dafür liegt darin, daß die radikale Sanierung des Gerberviertels wie des *Petite Venise* hier vergleichsweise spät, erst in den Jahren nach 1970, in Angriff genommen wurde. Die dafür nötigen Investitionen, aber auch die Notwendigkeit, Perspektiven für die Nutzung der vor der Renovierung oft kaum noch bewohnbaren Altstadtgebäude zu finden, zogen die Initiative, die Phantasie und nicht selten auch das geliehene oder geerbte Kapital jener Nachwuchsgeneration an, der es ohne diese Herausforderung und die damit verbundenen Möglichkeiten in einer so kleinen Stadt gewiß zu eng geworden wäre.

Heute trifft man in Colmar fast auf Schritt und Tritt sympathische und unternehmungslustige Paare wie die Walters. Jedes von ihnen trägt dazu bei, die Stadt geradezu als Paradebeispiel für den zeitgemäßen Lokalpatriotismus erscheinen zu lassen, der dem regionalen Selbstbewußtsein des Elsaß wieder kräftig auf die Beine helfen soll. Da sind zum Beispiel Francine und Roger Bollecker, die in der Rue Berthe Mollie, unweit der Place Rapp, das vorzügliche, dabei ohne alles Brimborium auskommende und obendrein ziemlich preiswerte Feinschmeckerrestaurant *Garbo* betreiben. Oder Carmen und Marc Rothfisch: Sie führen nahe dem Unterlinden-Museum ein Hotel, untergebracht im und benannt nach dem Maison des Têtes (»Kopfhaus«), einer einigermaßen bizarren Altstadtsehenswürdigkeit: In die Fassade sind nicht weniger als 105 fratzenhaft grinsende Köpfe eingearbeitet. Und auf dem Dach steht die Bronzestatue eines Faßbinders, die niemandem zu gefallen braucht, um die Blicke stolzer Colmarer wie kundiger Touristen anzuziehen: Sie stammt von einem zu fernen, aber großem Ruhm gelangten Bürger der Stadt: von Frederic Bartoldi, dem Schöpfer der New Yorker Freiheitsstatue.

Man kann übrigens nicht nur wohnen bei den Rothfischs, man kann auch recht gut bei ihnen essen: Es lohnt sich also durchaus, hier einen Tisch zu reservieren, bevor man hinüber ins Unterlinden-Museum geht. Die Besichtigung des dort aufgestellten Isenheimer Altars des Matthias Grünewald ist ein absoluter Pflichttermin für Elsaßreisende, vergleichbar in dieser

Hinsicht nur dem Besuch des Straßburger Münsters – und wie das Münster wird auch der Isenheimer Altar ganz bestimmt keinen langweilen, der sich ihm das erste Mal nähert.

Grünewalds faszinierendem Altarbild allein ist es zu verdanken, daß das Unterlinden-Museum nach dem Pariser Louvre das meistbesuchte Museum Frankreichs ist. Und, gar nicht nebenbei gesagt: Keiner muß sich als Kunstbanause fühlen, wenn ihn die höchst raffiniert durchdachte Konzeption aus zwei feststehenden und vier auf- und zuklappbaren Flügeln, die sämtlich von beiden Seiten bemalt sind – zusammengesetzten »Multi-Triptychons« also – ebenso fasziniert wie die geradezu erschreckend ausdrucksintensive Mal- und Porträtkunst Matthias Grünewalds.

An dieser Stelle, wir gestehen es, tut es uns zum ersten Mal herzlich leid, daß wir keinen ausführlichen Kunstreiseführer schreiben. Täten wir es, wir zwängen den Verleger, notfalls unter Androhung schärfster Konsequenzen für sein Seelenheil, das zu tun, was unseres Wissens noch nie ein Verleger eines Elsaßführers getan hat: dem Buch ein handliches, aus stabiler Pappe gefertigtes und sorgfältig bedrucktes Farbmodell des Isenheimer Altars beizugeben, das sich genauso vielfältig auf-, zu- und umklappen läßt wie das Original. Nur so erhielten wir nämlich eine anschauliche Vorstellung von dem, was wir mit Hilfe geometrischer Kopfberechnungen bis heute nicht herausbekommen haben: Zu wie vielen Varianten lassen sich die Isenheimer Altarflügel insgesamt arrangieren, und wie sieht der Altar dann jeweils aus?

Würde man nur lange genug im Unterlinden-Museum ausharren, käme womöglich eine Reisegruppe mit einem zur Berührung des Kunstwerks autorisierten Führer vorbei. Doch der klappt dann, wenn es hoch kommt, rasch zwei Flügel auf und zu. Bevor wir auch nur das optische Ergebnis dieser Operation auf der (gleichfalls bemalten) Rückseite des Altars in Augenschein nehmen können, ist der Mann wieder verschwunden – und läßt uns mit unseren Kopfrechnungen und Kopfrätseln hilflos zurück.

Es gibt übrigens noch einen zweiten Isenheimer Altar, der ebenfalls aus dem (mittlerweile verfallenen) Antoniterkloster zu Isenheim – einem 20 Kilometer südlich von Colmar gelegenen Ort – hierher ins Unterlinden-Museum gebracht wurde. Seine Flügel hat Martin Schongauer bemalt, der als Schöpfer eines anderen Triptychons berühmter wurde: der eigentlich für das Colmarer Martinsmünster konzipierten und heute in der Dominikanerkirche ausgestellten »Madonna im Rosenhag«. Die Seitenteile dieses wunderschönen Flügelbilds sind verlorengegangen; eine Rekonstruktion des ganzen Werks ist merkwürdigerweise statt im Colmarer Unterlinden-Museum, wo man sie erwarten würde, im Bostoner Museum of Fine Arts zu sehen.

Das alles – und alles, was man wissen sollte, um die zahlreichen in diesem Museum und in Colmars großen Kirchen zu sehenden Kunstschätze würdigen zu können, steht in den Reiseführern, denen keine Modelle des Isenheimer Altars beigegeben sind. Wir kümmern uns jetzt wieder um die Gegenwart, und unternehmen zu diesem Zweck einen kleinen Abstecher auf den Wochenmarkt.

Offiziell heißt der Colmarer Wochenmarkt Josephsmarkt, nach dem Josephsplatz, an dem er jeden Samstagvormittag abgehalten wird; eine leicht verkleinerte Marktvariante findet jeweils donnerstags in der innerhalb des historischen Zentrums gelegenen alten Markthalle statt. Die Place St. Joseph dagegen liegt etwas außerhalb der Altstadt, ist aber von dem obligatorischen Parkplatz auf der Place Rapp aus ebenso schnell zu Fuß zu erreichen.

Wochenmärkte zeigen – und das gilt fürs ganze Elsaß, ja sogar fürs ganze französisch-deutsch-schweizerische Dreyeckland am Oberrhein – das Gesicht einer Stadt besonders deutlich, gerade in ihrer oft merkwürdigen Mischung aus Althergebrachtem und Zeitgenössischem, aus Einheimischem und Fremdem, ja Exotischem. Typisch für Colmar ist dabei, um nur ein Beispiel zu nennen, die friedliche Koexistenz gleich dreier Bäcker (mit drei verschiedenen Back-Ideologien) auf dem Wochenmarkt. Da gibt es westlich der Josephskirche den Stand von Vincent Ley: ein nachgerade orthodoxer Traditionalist der klassischen Brotbackkunst. Eben deswegen sehen seine Brote ganz normal aus – runde Bauernbrote, weiße Kastenbrote oder Vollkornbrote und braunglänzende Laibe in verschiedenen Längen, Breiten und Höhen. Den Unterschied zum Industriebrot, das sich äußerlich kaum von Vincent Leys Broten unterscheiden läßt, bemerkt man erst beim Essen. Dann aber gewaltig: Daß Brot so intensiv nach Brot schmecken kann, erfahren manche hier zum ersten Mal; und andere frischen, mit glücklichen Augen kauend, hier fast verwehte Kindheitserinnerungen auf.

Gerade weil Ley auf Tradition hält, hält er nichts von Nostalgie. Er backt nach eigener Auskunft »mit ganz ordinärem Mehl«; »Gesundheits«-Brote und -brötchen aller Art qualifiziert er barsch als unseriös ab, vor allem wenn sie durch aufgestreute Sesamsamen, Kürbis- oder Sonnenblumenkörner auch optisch als solche kenntlich gemacht werden.

Weniger Skrupel, aber auf seine Weise nicht weniger Talent hat da Maurice Koos: Er verkauft in seinem festen Laden auf der Ostseite des Josephsplatzes alles (inklusive neumodischer Kreationen wie Joggingwecken, Körnerbrezeln, Speckfladen und natürlich Flammkuchen), was Herz und Gaumen des sowohl gesundheitsbewußten wie genußsüchtigen zeitgenössischen Konsumenten erfreut. Und was für Frühaufsteher wie für Nächtedurchbummler das beste ist: Er verkauft es ab halb sechs Uhr früh; denn in Frankreich gibt es, anders als in Deutschland, kein Nachtbackverbot. (»Wie bitte?« fragte uns eine junge elsässische Bekannte einmal, »Nacktbackverbot – was ist denn das?«)

Aber da fehlt noch das von Vincent Ley und seinen Kunden verschmähte, aber nichtsdestoweniger von manchen geschätzte gesunde, nach biologisch-dynamischen Grundsätzen gebackene Brot. Das bietet auf dem Colmarer Josephsmarkt wie bei uns daheim der Demeterstand an; man findet ihn an der Kopfseite des Platzes – genauso viele Schritte von Bäcker Koos wie von Bäcker Ley entfernt.

Natürlich werden auf dem Josephsmarkt, dazu ist er ja da, auch viele andere, meist von Einheimischen erzeugte oder hergestellte Lebensmittel verkauft, Käse, Honig, Eier, Obst, Gemüse, Pilze, Fleisch und Geflügel (darunter als Rarität auch Kapaune, also kastrierte und darum besonders fett gewordene Hähne). Wirklich unverwechselbar, Colmar-typisch, wird der Markt aber nicht so sehr durch diese regionalen Produkte wie durch sein vielfältiges Angebot von Zutaten der portugiesischen Küche.

Im Elsaß lebende Portugiesen sind nichts Ungewöhnliches; das liegt vor allem daran, daß während der Diktaturzeiten auf der iberischen Halbinsel viele spanische und portugiesische Flüchtlinge nach Frankreich kamen. Viele dieser Immigranten sind geblieben und haben, auch im Elsaß, Familien gegründet. Zu einem bis heute lebendigen Subzentrum portugiesischer Kultur in Frankreich hat sich dabei Colmar entwickelt. Das macht sich nicht nur auf dem Colmarer Markt bemerkbar, wo es zum Beispiel Dutzende von Piri-Piri-Varianten gibt, roten Flamencokäse, Thunfischpaste in kleinen Gläsern und Dosen, und wo die getrockneten und gesalzenen Stockfische von manchen Ständen ebenso in Lappen herunterhängen wie von den unzähligen Straßentheken der Lissaboner Stockfischhändler; man merkt es auch bei einigen größeren und kleineren portugiesischen Fado-Festen, und man merkt es sogar im Stadion: Der von den Portugiesen gegründete Fußballclub Portugais Colmar spielt zur Zeit in der dritten französischen Liga.

Ganz Colmar also in der Hand der »Lusitanier«, wie die Elsässer ihre portugiesischen Mitbürger gern nennen? Aber nein. In Wahrheit setzen die kleine portugiesische Kolonie und ihre Lebenskultur nur einen kleinen, wenn auch auffälligen Farbtupfer ins Gesamtbild. Colmar wirkt auch heute in erster Linie wie eine traditionell geprägte und doch erstaunlich vitale, von manchen Minderwertigkeitskomplexen gegenüber Straßburg geplagte und doch auch selbstbewußt gelassene elsässische Stadt. Wer das Kontrastbild dazu erleben will, braucht nur 25 Kilometer weiter nach Süden fahren, also von Colmar nach Mulhouse.

15. Das Ende des Elsaß

Sollte sich jemand ernsthafte Sorgen machen: Die Überschrift dieses Kapitels ist vor allem geographisch gedacht: Die Stadt Mulhouse und der südlich davon gelegene Sundgau, mit denen wir uns jetzt beschäftigen, bilden von Straßburg aus gesehen (oder auch beim Blick auf die Landkarte) das untere Ende des Elsaß.

Andererseits, es stimmt schon: Nicht nur für so gut wie alle Elsaßtouristen, auch für viele Elsässer ist das Elsaß oder zumindest das, was sie mit dem Begriff Elsaß benennen, in Mulhouse praktisch zu Ende. Nähert man sich der Stadt von Colmar aus, kann man durchaus verstehen, warum das so ist. Am Anfang dieser Fahrt gibt sich das Elsaß noch so, wie es im Bilderbuch steht: Das Ortsbild des kleinen, nur wenige Kilometer von Colmar entfernten Städtchens Eguisheim prägen die altmodisch groben, für Autos nahezu ungeeigneten Steine, mit denen hier die meisten Straßen und Plätze gepflastert sind. Das paßt gut zum Erscheinungsbild einer Architektur, die nur aus Fluchtpunkten zu bestehen scheint. Es gibt kaum einen Ortskern im Elsaß, der nicht nur in der Breite und Höhe, sondern auch in der Tiefe so gegliedert wäre wie der von Eguisheim. Wohin man schaut, bestimmen weit herausragende Dächer, Erker, Balkone, Außentreppen und Nischen das Bild – eine Stadt wie aus einem Baukasten.

Schon hinter Eguisheim aber spürt man, wie der Strom des Weinstraßentourismus deutlich abebbt, obwohl die *route du vin* noch weiter nach Süden führt, zunächst über Gueberschwihr (dessen romanischer Kirchturm als der schönste im ganzen Elsaß gilt) und Pfaffenheim – in beiden Orten dominiert nicht mehr romantisches Fachwerk, sondern nüchterner Sandstein die Architektur der Häuser – nach Rouffach. Dort muß man die typisch elsässische Kleinstadtidylle bereits suchen: Das historische Zentrum zwischen den *remparts* (den Resten der ehemaligen Stadtmauer) ist von einem breiten und reichlich öden Siedlungsgürtel umgeben.

Südlich von Rouffach ist dann endgültig Schluß mit dem schnuckeligen Elsaßklischee. Zwar macht der offizielle Verlauf der Weinstraße bald noch eine letzte müde Zuckung westwärts, nach Guebwiller und

Soultz; wer aber weiter geradeaus nach Süden fährt, kann seine Kamera von nun an getrost im Handschuhfach liegen lassen: Die erst von landwirtschaftlicher Großnutzung, dann von Industriezonen geprägte und dabei reichlich zersiedelte Landschaft macht optisch schlicht nichts mehr her. Schließlich taucht am Horizont die von einigen mittelgroßen Hochhäusern und von einem merkwürdig ungefüge wirkendem Turm überragte Silhouette von Mulhouse auf – wenn sie denn auftaucht: In dieser Gegend herrscht aufgrund des industriellen Smogs nur selten gute Weitsicht.

Was den erwähnten Turm betrifft, so ist das übrigens besser so: Der sogenannte Europaturm von Mulhouse, eine Art von in die Höhe getriebenem Plattenbau, ist nicht nur der mit Abstand häßlichste Turm, sondern wohl auch das häßlichste Bauwerk, das man im Elsaß überhaupt zu sehen bekommt. Und das will gerade hier etwas heißen: Geschätzte 60 bis 70 Prozent des Mulhouser Stadtgebiets sehen aus, als sei das örtliche Bauamt seit Jahrzehnten auf den ersten Platz im Wettbewerb »Unser Ort soll scheußlicher werden« abonniert.

Willkommen also am Ende des Elsaß? Von wegen. »Willkommen am zweiten Herzen des Elsaß« wäre richtiger, und das keineswegs nur, weil die alte, im Mittelalter wie in der beginnenden Neuzeit hoch angesehene und zeitweise sogar ziemlich mächtige Stadtrepublik Mühlhausen heute mit 225 000 Einwohnern (die Außenbezirke mitgerechnet) die zweitgrößte Stadt des Elsaß ist, nach Straßburg selbstverständlich, aber sehr deutlich vor der drittgrößten, dem gut 80 000 Einwohner zählenden Colmar. Entscheidender für die Bedeutung, die Mulhouse fürs Elsaß hatte, war und ist aber nicht die Einwohnerzahl, sondern die Tatsache, daß in dieser Stadt schon immer, auch vor 700 Jahren, ökonomischer gedacht wurde als anderswo.

Nicht daß die Bürger des alten Mühlhausen die einzigen gewesen wären, die den Sinn des Lebens im Geldverdienen sahen; sie taten es nur konsequenter als andere. Das konnten sie aufgrund der günstigen Lage der Stadt im bereits während des Mittelalters als Drehscheibe des europäischen Handelsverkehrs zwischen Nord und Süd wie zwischen Ost und West fungierenden Dreyecklandes. Bereits 1308 gelang es Mühlhausen, dem Kaiser das Privileg einer Freien Reichsstadt abzupressen. Auch heute noch bedeutsam ist dieses Faktum dann, wenn man es mentalitätsgeschichtlich versteht: Der »freie« Status der Stadt verbürgte ihren Bürgern das Recht, ihre Gewinne nicht in Form von Steuern mit irgendwelchen lästigen Landesherren teilen zu müssen.

Was aber die geistlichen Herren betrifft: Auch in diesem Punkt zeigte Mühlhausen sich radikal konsequent, als es sich bereits 1528 in der »Confessio Mulhisiana« dem Calvinismus anschloß, jener Abspaltung der Lutherischen Reformationsbewegung also, die allen Ernstes lehrte (und bis heute lehrt), daß der

Mensch während seines Erdenwandelns für sein Seelenheil schlechthin nichts Besseres tun könne, als seine irdischen Güter nach Kräften zu vermehren, selbstverständlich, wie es die Bibel angeblich befiehlt, »im Schweiße seines Angesichts«.

Daß jene alttestamentarische Bibelstelle (Genesis 3,19: »Im Schweiße deines Angesichts sollst du dein Brot essen«) als Fluch gemeint war, dessen verhängnisvolle Auswirkung durch die Botschaft des Neuen Testaments zumindest erheblich relativiert wird (Matthäus 6,26: »Seht die Vögel an: Sie säen nicht, sie ernten nicht, sie sammeln nicht in den Scheunen; und euer himmlischer Vater nährt sie doch«), davon wollen nicht nur bekennende Calvinisten seit jeher wenig wissen.

Worauf wir mit solchen historischen und theologischen Exkursen hinauswollen: Mulhouse ist von seiner Mentalität her stets einem illusionslosen, ausschließlich auf Leistung und materielle Werte eingeschworenen Lebenskonzept gefolgt; die Stadt war sozusagen schon eine Hochburg spätkapitalistischer Werte, als sich im restlichen Europa noch nicht einmal der Frühkapitalismus entwickelt hatte. Und man kann ihren Einwohnern nicht einmal vorwerfen, daß sie sich nicht stets zu ihrer hartgesottenen Weltanschauung bekannt hätten. So ist denn auch das wirkliche Wahrzeichen der Stadt nicht der Europaturm, nicht das stolze Renaissancerathaus (eines der wenigen nicht im Zweiten Weltkrieg zerstörten oder schon vorher von gewinnsüchtigen Unternehmern geschleiften Gebäude) und auch nicht die reformierte Kathedrale St. Etienne, sondern es ist »Le Schweissdissi«: die monumentale Statue eines dank seines schweißtreibenden Tagewerks gottgefällig erschöpften Arbeiters.

Klar, daß so gut wie jeder Elsässer außerhalb (wie, um gerecht zu bleiben, mancher auch innerhalb) von Mulhouse deutlich die Nase rümpft über Leute, die so etwas öffentlich aufstellen. Geschieht ihnen gerade recht, sagen die Straßburger und Colmarer und erst recht die Bewohner der schnuckeligen Weinstraßendörfer wie der *fermes-auberges* auf den romantischen Höhen der Vogesen – geschieht ihnen gerade recht, daß ihre Stadt so aussieht, und daß die Touristen lieber zu uns kommen als ins vom Kommerzdenken zerfressene Mulhouse.

So wird die Stadt im Handumdrehen zum Sündenbock des Elsaß gemacht. Doch, wie das bei Sündenböcken so ist: Die Schuld, die man ihm auflädt, ist weißgott nicht nur seine eigene. Vielleicht sollte man sagen, Mulhouse sei nicht nur das zweite Herz, sondern die zweite Seele des Elsaß. Von da aus wäre es nämlich nur noch ein Schritt bis zu der Erkenntnis, die uns hier nicht zum ersten Mal dämmert: Die Elsässer, und zwar gerade die, die unentwegt stolz sind auf die schöne, die idyllische, den alten Werten und Traditionen verpflichtete Seele ihrer Region, sind ein ziemlich schizophrener Menschenschlag. Die häßliche zweite Seele in ihrer Brust ist jederzeit geschäftstüchtig genug, um die schöne erste nicht nur an Touristen, sondern an jeden, der sich für sie (aus welchem Grund auch immer) interessiert, möglichst gewinnbringend zu verkaufen. Nur eben, die Existenz dieser zweiten Seele wird verdrängt, so wie die Vermarkter des schönen Elsaß die Existenz der häßlichen Kommerzstadt Mulhouse am liebsten verdrängen würden.

Das ist der theologische, oder wenn man will (es läuft aufs gleiche hinaus) der psychologische Hintergrund für den ständigen Widerspruch aus beharrlichem, manchmal geradezu sturem Traditionsbewußtsein und dem ebenso unbeirrbaren Versuch, gerade aus dem Verkauf jener Werte Gewinn zu schlagen, die man doch so hartnäckig bewahren und gegen alles Fremde verteidigen zu müssen glaubt. Gegen das schlechte Gewissen, das dieses Dilemma erzeugt, setzt man sich scheinbar am leichtesten zur Wehr, indem man sich und den anderen etwas vormacht. Eben deswegen tritt im Elsaß immer häufiger Fiktion an die Stelle von Realität: Den Touristen (und oft genug den auf eigenständige Werte bedachten Elsässern selbst) wird kommerzielle Folklore anstelle von realer Tradition angeboten, an die Stelle wirklicher Lebensqualität tritt das Image von Lebensqualität, und hinter einer vorgeblich liberalen Weltoffenheit, die sich über nationale und kulturelle Grenzen großzügig hinwegzusetzen scheint, verbirgt sich bedenklich oft provinzielle Engstirnigkeit, bis hin zur offenen Fremdenfeindlichkeit.

Das klingt hart. Aber schließlich schreiben wir hier

keine Einladung ins, sondern eine Gebrauchsanweisung fürs Elsaß. Und wer immer sich in diese Region eingeladen fühlt (beziehungsweise sich selbst hierher einlädt), sollte wissen, womit er es zu tun bekommen kann. Wobei wir selbstverständlich weit davon entfernt sind, nun jedem Elsässer oder auch nur jedem der im weitesten Sinn an der Selbstvermarktung des Elsaß Beteiligten zu unterstellen, er sei skrupellos gewinnsüchtig, engstirnig oder dergleichen. Zwar existiert der von uns konstatierte Widerspruch hier wirklich, und jeder, der sich eine Weile hier aufhält, wird ihn spüren. Doch das bedeutet noch längst nicht, daß es nicht auch sehr sympathische Möglichkeiten gibt, mit ihm zurechtzukommen.

Übrigens gilt das natürlich nicht nur für die Elsässer, sondern auch für ihre Gäste: Auch unsereiner ist ja stets in Gefahr, sich schizophren zu verhalten, wenn er einerseits über den touristischen Ausverkauf der Traditionen jammert und sich andererseits auf Schritt und Tritt darum bemüht, seinerseits vom touristischen Angebot zu profitieren. Was dagegen allemal hilft, ist sich die Widersprüche bewußt zu machen, statt sie wegzulügen oder sich weglügen zu lassen. Auch das ist ein Grund, Mulhouse während einer Elsaßreise nicht links liegen zu lassen.

Aber gottlob nicht der einzige Grund. Denn auch die Unansehnlichkeit der Stadt Mulhouse hat ihre positive Kehrseite, sogar vom vergnügungssüchtigen Standpunkt des Elsaßreisenden aus gesehen. Wir reden hier nicht von den wenigen architektonischen Sehenswürdigkeiten der von schauderhaften Neubauvierteln und, an der Peripherie, auch von schlimm verwahrlosten Betonsiedlungen umgebenen Altstadt, also nicht von der – zugegeben ganz ansehnlichen – Place de la Réunion, an der das Rathaus und die Kathedrale stehen; wir reden auch nicht von den zahlreichen Museen, die nicht nur der kompensatorischen Versorgung mit urbaner Kultur – Kunst statt Lebensqualität – dienen, sondern auch die Entwicklung von Mulhouse als Handels- und als Industriemetropole ausführlich dokumentieren: von der frühen Industrialisierung im späten 18. und beginnenden 19. Jahrhundert, als die Textilproduktion (ähnlich wie in Manchester, mit dem Mulhouse früher oft verglichen wurde) rasch andere Industrien nach sich zog und sich die Einwohnerschaft ständig vervielfachte, bis ins 20. Jahrhundert, zu dessen Beginn in der Nähe der Stadt obendrein eines der weltweit größten Kalivorkommen entdeckt wurde, und in dessen späterem Verlauf sich dann auch noch die Großindustrie (Peugeot, Rhone-Poulenc) hier ansiedelte, deren Arbeitskräftebedarf – und deren Arbeitskräfte-Abbau – den Alltag von Mulhouse heute entscheidend bestimmen.

Statt dessen reden wir von Menschen wie dem im marokkanischen Settat geborenen Moulay Abdel Yazid und seinem Sohn Hassan, die im Schneidersitz zwischen Dosen, Gläsern und Kisten mit frischen und getrockneten Gewürzkräutern (darunter Wermut- und

Korianactersträußen), mit Oliven und mit kleinen, in Salz eingelegten Zitronen sitzen, mitten in Mulhouse, an der Rue Aristide Briand. Ja, richtig, wir sind wieder einmal auf einem Stadtmarkt – diesmal aber auf einem, der sich von allen anderen elsässischen Wochenmärkten (und erst recht von ihren langweilig-braven deutschen Pendants) höchst spektakulär unterscheidet.

Mehr noch: Gegen den Mulhouser Markt (er findet jeden Dienstag, Donnerstag und Samstag auf dem sogenannten *canal couvert*, dem zugebauten Teil der Ill statt) wirkt selbst der weltberühmte Münchner Viktualienmarkt wie ein hübsch gepflegtes Schrebergärtlein gegen eine große Wiese, auf der Nutzpflanzen, Zierpflanzen und Unkraut üppig durcheinanderwuchern.

So kann man auch von Moulay Abdel Yazids Gewürzstand beim besten Willen nicht behaupten, daß er (wie die portugiesischen Verkaufsstände) dem Bild des Mulhouser Markts einen auffälligen exotischen Farbtupfer verleihen würde. Statt dessen geht der für sich genommen höchst reizvolle Eindruck von Moulays Stand hier unter in einer phantastischen Symphonie aus Farben, Gerüchen und Geräuschen. Fliegende Händler aus dem Iran verkaufen hängende Teppiche, eine Öko-Kommune aus dem nahen Sundgau verkauft Salat und Gemüse, orientalische Metzger verkaufen Schafsköpfe, scharfe Würste und frische Leber; hier sind leuchtendgelbe Melonen zu mannshohen Pyramiden gestapelt, da baumeln Che-Guevara-

T-Shirts neben nachgemachten Markenjeans, dort stehen in großen Vasen Unmengen von elsässischen Bauernsträußen.

Die Mulhouser Marktsprache ist Babylonisch: ein Durcheinander aus Französisch, Arabisch, Schwyzerdütsch, Elsässer- und Hochdeutsch, Suaheli, Persisch, Türkisch, Chinesisch, Wolof (einem im Kongo und in Niger gesprochenem Idiom), Thailändisch, Vietnamesisch und vielen anderen Sprachen mehr. Knapp 50 000 Bewohner des Großraums Mulhouse (also fast ein Viertel der gesamten Bevölkerung) stammen aus dem Ausland, die meisten von ihnen aus Afrika; und die meisten von ihnen versorgen sich auf dem Markt über dem *canal couvert*, wenn sie nicht selbst Waren verkaufen oder sonstwie hier beschäftigt sind. So hat sich der Mulhouser Markt im Lauf der Zeit vom ganz normalen elsässischen Wochenmarkt, auf dem neben mancherlei Hausrat vor allem im Umland erzeugte Lebensmittel angeboten wurden, zu der heutigen Mischung aus internationalem, ja transkontinentalem Warenumschlagplatz und spektakulärem Dauervolksfest entwickelt.

Mittlerweile werden an die 370 feste Stände unterhalten, 40 davon in der vor zwei Jahren erfreulich stilsicher (nicht nur für Mulhouser Verhältnisse) erneuerten alten Markthalle. Der Magistrat von Mulhouse hat sich die gesamte Marktrenovierung einiges kosten lassen – und er hat, anders als viele es befürchteten, sogar der Versuchung widerstanden, bei dieser Gelegenheit den Markt »aufzuräumen« und damit seine überbordende Vitalität bürokratisch einzudämmen.

Für diese kluge Politik gibt es gute Gründe: Der Markt hat sich – und das in dieser noch vor 15 Jahren völlig touristenentwöhnten Stadt – zur erfolgreichsten Fremdenverkehrsattraktion von Mulhouse entwikkelt; zugleich und vor allem aber bietet er den meisten Immigranten der Stadt die einzige Möglichkeit, wenigstens ein Stück von der Lebenskultur (ihrer eigenen und der elsässischen) wiederzufinden, die ihnen hier sonst versagt bleibt: Fast alle von ihnen leben oder, richtiger gesagt, hausen in den südwestlichen *banlieues* von Mulhouse, wo sich ein trostloses Wohnsilo-Quartier ans andere reiht.

Und schließlich, auch nicht ganz unwichtig: Der Markt, auch das ebenfalls erneuerte, nun auf einer Empore der Markthalle untergebrachte Restaurant und die vielen umliegenden kleinen Lokale und Imbißbuden, sind die Plätze, auf denen die Immigranten und die Einheimischen (»les indigènes«, wie sie von den Zugezogenen leicht spöttisch genannt werden: die Eingeborenen) höchst lebendig und dabei meist äußerst friedlich koexistieren.

Um sich allerdings der weniger erfreulichen Seite des Mulhouser Internationalismus zuzuwenden: Die Regel ist das anderswo in der Stadt ganz und gar nicht. Nicht nur in den Vierteln, in denen die Immigranten wohnen, häufen sich Eigentums- und Gewaltdelikte, auch solche, deren Opfer die wenig geliebten Zuwanderer selbst sind. Vor allem hier, in Mulhouse und Umgebung, baut Le Pens rechtsradikaler Front National bei jeder Wahl aufs neue die Basis für seine bis heute überdurchschnittlich hohen Erfolge im Elsaß.

Die Stadt und ihre Einwohner, alle Einwohner, haben den Markt auch als Lernmodell für eine erfolgreiche Integration also bitter nötig. Und es wird wohl noch eine ganze Weile dauern, bis ganz Mulhouse den Stolz des Tunesiers Moustapha teilt, der am Rande des Marktes das kleine (und verschärft empfehlenswerte) Couscous-Restaurant *Monastir* betreibt: »Mulhouse«, sagt Moustapha, »ist nicht irgendeine elsässische Stadt. Hier schlägt das Herz des orientalischen Frankreich.«

Und merkwürdig, aber wahr: Just hier, wo das Elsaß in den Orient übergeht, ist es tatsächlich zu Ende. Rein geographisch, wie gesagt – und richtet man sich nach der politischen Geographie, nicht einmal das. Denn immerhin trennen Mulhouse noch gute dreißig Kilometer Luftlinie von der südlichsten Stelle des Départements Haut-Rhin und von der Grenze zur Schweiz. Alles was dazwischen liegt, der Sundgau nämlich, gehört also amtlich gesehen noch zum Elsaß.

Doch das ist nichts als graue Theorie; allenfalls läßt sie sich noch auf das Gelände des internationalen Flughafens Basel-Mulhouse anwenden, der deutlich näher an Basel als an Mulhouse liegt, aber immerhin noch auf französischem Gebiet. Ansonsten ist der Sundgau zwar keine politisch eigenständige, aber doch eine ganz eigene, und im übrigen ganz reizende, Kleinregion. Zum Elsaß wird sie wahrscheinlich nur gezählt, weil derart winzige Regionen nicht für sich existieren dürfen. Man muß sie irgendwo anhängen, einfach damit sie irgendwo dazugehören. Andernfalls würden sie womöglich übersehen.

Doch was heißt schon andernfalls? Genau das passiert dem Sundgau nämlich trotz (oder gar wegen) seiner Funktion als südliches Anhängsel des Elsaß: Er wird von vielen übersehen. Nicht, daß es dabei groß etwas zu übersehen gäbe – wobei die Betonung aber auf dem Wort groß liegt. Es gibt keine große Kunst im Sundgau (genaugenommen: auch fast keine kleine), keine großen Städte, von Mulhouse natürlich abgesehen, aber das liegt lediglich im Sundgau, es gehört ihm nicht an, keine großen Köche, keine großen Weine und keine großen Berge. Und genau darin liegt sein Charme.

Wenn also einer Leib und Seele im Elsaß angefüllt haben sollte – hier kann er beide friedlich ausbaumeln lassen, in einer von harmlosen Hügeln bestandenen, mit Blumenwiesen, Kornfeldern und lichten Mischwäldern bedeckten, von Bauernwegen und kleinen Flüssen durchzogenen Landschaft, in der sich zwar nicht gerade Fuchs und Hase gute Nacht sagen, die man aber tagelang durchstreifen kann, ohne dabei auch nur einen Touristenbus zu Gesicht zu bekommen.

Das einzige, was im Sundgau groß wird, und dick und fett dazu, sind die Karpfen. Die halbe Einwohnerschaft der Region scheint sich darauf spezialisiert zu haben, Karpfen zu züchten – eine Anstrengung, welche die elsässische Fremdenverkehrsindustrie denn auch irgendwann zum Anlaß genommen hat, sich ihrer offiziellen Fürsorgepflichten für den Sundgau dadurch zu entlegen, daß sie eine »Straße des gebakkenen Karpfens« durch den Sundgau legte, die *route de la carpe frite*. Nachdem dies erledigt war, der aus Straßburg herbeigeeilte Oberste Fremdenführer hat bestimmt noch ein Grußwort zur Eröffnung vorgetragen, hielt sich die Behörde aber fortan aus der Sache heraus. Und das war auch besser so; auf diese Weise hat sie nämlich nicht mitbekommen, was danach geschah: Die Sundgauer, angesteckt vermutlich von urdemokratischen Ideen aus der benachbarten Eidgenossenschaft, mochten nicht einsehen, warum so eine *route* nur die an ihr liegenden Dörfer miteinander verband, alle anderen aber links oder rechts liegenließ. Und bauten deswegen zahlreiche Abzweigungen in die *routes des crêtes* ein, dann noch mehr Abzweigungen von den Abzweigungen, und immer so fort.

Unsere Lieblings-Übersichtskarte der *routes des crêtes* (wir fanden sie in der 2. Auflage von Uwe Anhäusers Elsaß-Führer in der Dumont-Reihe »Richtig reisen«) zeigt das Ergebnis dieser Operationen: ein labyrinthisches Netzwerk aus Karpfenstraßen, die – wir schwören es – jeden einzelnen Ort des Sundgau mit jedem anderen verbinden. Nun würden wir hier niemals zu bezweifeln wagen, daß auch tatsächlich in jedem dieser

Orte gebackener Karpfen serviert wird. Doch in den meisten Fällen dürfte sich dieses kulinarische Ereignis hinter für uns verschlossenen Türen zutragen – die Restaurantdichte im Sundgau hält sich nämlich in sehr überschaubaren Grenzen. Es gibt sie zwar, die netten kleinen Landgasthöfe; und in einigen davon wird so gut gekocht, daß man in Versuchung geraten könnte, den obligatorischen Karpfen zu ignorieren (obwohl der, in frischem heißen Öl knusprig gebacken und mit einer tunlichst handgefertigten Mayonnaise sowie grünem Salat serviert, durchaus eine schwere Kaloriensünde wert ist).

Allerdings wird es immer schwerer, derartige Gasthöfe zu finden; die Gasthöfe ihrerseits finden nämlich immer weniger Kunden. Und das hat wiederum, hier geht's dem südlichen Anhängsel des Elsaß nicht anders als seinem nordwestlichen, dem *Alsace Bossue*, etwas mit dem Rückgang der kleinen Bauernhofbetriebe zu tun. Wobei aber der Sundgau insofern besser dran ist, als seine Bewohner nicht darauf angewiesen sind, sich zum Ersatz dafür Industriebetriebe ins Land zu holen. Die meisten Sundgauer verdienen ihr Geld mittlerweile da, wo sich diese Betriebe ohnehin schon zusammenballen: in den nahegelegenen Großräumen Basel und Mulhouse.

So könnten zwar nicht die Bewohner des Sundgau, wohl aber der Sundgau selbst noch lange erleben, was man sich fürs ganze Elsaß wünscht: daß er dem Druck der Zeit standhält – und daß wir davon profitieren.

Bereits erschienen:

Gebrauchsanweisung für...

Amerika
von Paul Watzlawick

Amsterdam
von Siggi Weidemann

Barcelona
von Merten Worthmann

Bayern
von Bruno Jonas

Berlin
von Jakob Hein

die Bretagne
von Jochen Schmidt

Brüssel und Flandern
von Siggi Weidemann

China
von Kai Strittmatter

Deutschland
von Maxim Gorski

Dresden
von Christine von Brühl

das Elsaß
von Rainer Stephan

England
von Heinz Ohff

Florenz
von David Leavitt

Frankreich
von Johannes Willms

Gardasee
von Rainer Stephan

Genua und die
Italienische Riviera
von Dorette Deutsch

Griechenland
von Martin Pristl

Hamburg
von Stefan Beuse

Indien
von Ilija Trojanow

Irland
von Ralf Sotscheck

Italien
von Henning Klüver

Japan
von Gerhard Dambmann

Kalifornien
von Heinrich Wefing

Katalonien
von Michael Ebmeyer

Köln
von Reinhold Neven Du Mont

London
von Ronald Reng

01/0002/07/L

München
von Thomas Grasberger

New York
von Verena Lueken

Niederbayern
von Teja Fiedler

Nizza und
die Côte d'Azur
von Jens Rosteck

Norwegen
von Ebba D. Drolshagen

Paris
von Edmund White

Polen
von Radek Knapp

Portugal
von Eckhart Nickel

Rom
von Birgit Schönau

das Ruhrgebiet
von Peter Erik Hillenbach

Salzburg und
das Salzburger Land
von Adrian Seidelbast

Schottland
von Heinz Ohff

Schwaben
von Anton Hunger

die Schweiz
von Thomas Küng

Sizilien
von Constanze Neumann

Spanien
von Paul Ingendaay

Südfrankreich
von Birgit Vanderbeke

Südtirol
von Reinhold Messner

Tibet
von Uli Franz

die Toskana
von Barbara Bronnen

Tschechien und Prag
von Jiří Gruša

die Türkei
von Iris Alanyali

Umbrien
von Patricia Clough

Venedig
von Dorette Deutsch

Wien
von Monika Czernin

01/0002/07/R

PIPER

Birgit Vanderbeke

Gebrauchsanweisung für Südfrankreich

174 Seiten. Gebunden

Pont du Gard, pittoreske Natursteinhäuser und blühender Lavendel, das ist Südfrankreich. Nicht ganz. Denn wußten Sie beispielsweise, daß »Gekochtes Wasser« zu den Spezialitäten der provençalischen Küche gehört? Daß sich die meisten Bewohner dieses Landstrichs seit Jahrhunderten weigern, an die Zentrale in Paris Steuern zu entrichten? Oder daß noch immer ein Konfessionsstreit über den Erfinder der schmackhaften Cassoulet geführt wird?
Mit genauem Blick und der ihr eigenen feinen Ironie schreibt Birgit Vanderbeke über die Leute im Süden Frankreichs, über ihren Eigensinn und ihre Fahrkünste, über Trüffelmärkte und den Ramadan in Marseille. Eine Liebeserklärung an eine der wundervollsten und zugleich vielfältigsten Regionen Frankreichs.

01/1122/01/R